73세, 시동 걸고 끝까지 간다

미국 캐나다
무계획
로드 트립

73세, 시동 걸고 끝까지 간다
미국 캐나다 무계획 로드 트립

초판 1쇄 발행 2025년 8월 18일

글 안정훈
펴낸이 최향금
펴낸곳 에이블북

주소 서울시 노원구 동일로198길 74, 3층 301-A호
전화 02-6061-0124
팩스 02-6003-0025
메일 library100@naver.com

ISBN 979-11-990977-2-8 (03940)

※ 이 책은 저작권법에 따라 보호받는 저작물이므로 무단전재 및 복제를 금합니다.
※ 잘못된 책은 구입하신 서점에서 바꾸어 드립니다.

73세, 시동 걸고 끝까지 간다

미국 캐나다 무계획 로드 트립

안정훈 지음

ABLE BOOK

프롤로그

무계획이 계획이다!
75일간의 맨땅 드라이빙

계획이 없으면 절대 실패하지 않는다

남자의 가슴은 비밀 창고다. 가슴 깊숙한 곳에 자기만의 로망을 감추고 산다. 로망은 낭만적인 갈구와 욕망이다. 착한 남자도 나쁜 남자도 미생도 로망은 있다. 로망은 주관적이다. 낙타를 타고 사하라 사막을 건너고 싶은 사람도 있고, 킬리만자로 정상에서 얼어죽은 표범을 만나고 싶어 하는 사람도 있다. 나의 로망은 대륙 횡단 로드 트립이었다.

로드 트립을 하려면 끌림, 떨림, 울림, 어울림, 앞가림이 전제 조건이다. 이해와 양보와 배려심은 기본 조건이다. 용기, 배짱, 위기 대처 능력, 긍정의 마인드도 중요하다. 슬로우 슬로우 대신 급발진과 질풍노도 같은 청춘의 마음도 가끔은 필요하다. 시간, 체력, 돈도 뒷받침되어야 한다.

이런 조건들을 다 갖춘 사람은 거의 없다. 나에겐 부족한 게 더 많다는 걸 잘 안다. 모든 조건을 다 채울 가능성도 없다. 이럴 땐 미룰 필요가 없다. 까짓것 한번 해보자고 객기를 부려서 덤벼드는 게 상책이다. 내 로망을 지금 좇지 않는다면 죽을 때 후회할 것 같았다. 절실함과 절박함이 나를 등떠밀었다.

나는 무계획, 무규칙 여행자다. 로드 트립을 하는 사람들은 하나같이 사전 계획을 철저히 세운다. 하지만 나는 자유로운 영혼으로 감성을 따라가는 노마드가 되기로 했다. 노마드에게 디테일한 계획 같은 건 가당치 않다. 때로는 역마차를 몰 듯, 때로는 장거리 랠리처럼 달리기로 했다. 무계획의 장점은 절대 실패할 염려가 없다는 거다. 하쿠나 마타타를 주문처럼 외우고 다녔다.

나는 남 따라하는 여행은 사절이다. 평범한 여행보다는 나만의 특별한 여행이 좋다. 물론 경이로운 그랜드 캐니언과 옐로스톤도 멋졌다. 그리고 뉴욕이나 샌프란시스코 같은 대도시는 많은 볼거리를 안겨줬다. 하지만 그런 유명한 곳보다는 다음 네 곳이 내 취향이었다.

- 헤밍웨이가 살면서 불후의 명작을 썼던, 플로리다의 남쪽 끝 카리브해에 떠 있는 작은 섬 키웨스트
- 재즈의 고향, 루이지애나주의 뉴올리언스
- 컨트리송의 도시, 테네시주의 내슈빌
- 미국인 친구가 사는 작은 시골 마을, 메인주의 브런즈윅

75일간 로드 트립을 하면서 아주 힘들었던 순간이 두 번 있었다.

첫 번째는 요세미티 국립공원의 곰 출몰 지역에서 캠핑카가 퍼져버렸을 때였다. 다행히 심야에 차를 수리한 후 차박을 하고 다시 정상으로 복귀했다.

또 한 번은 차 키가 파손되었을 때였다. 엔진이 꺼지면 대책이 없다. 애리조나주의 투손에서 렌터카 회사가 있는 샌프란시스코까지 엔진을 한 번도 끄지 않고 무박 2일에 걸쳐 1,400km를 달렸다. 순수 주행 시간은 17시간이었다.

힘은 들었지만 평생 잊지 못할 값진 추억이 되었다. 좋은 여행은 행복을 주고, 힘든 여행은 경험과 교훈을 준다. 어떤 경우라도 나쁜 여행은 없다는 걸 다시 깨달았다.

미쳐야만 이룰 수 있더라

미국과 캐나다에서 75일 동안 44,230km를 달렸다. 지구 한 바퀴 거리가 40,075km다. 서울에서 부산 거리는 400km다. 미치거나 뽕 맞지 않고는 할 수 없는 짓을 맨정신에 한 거다.

돌아보니 지공선사(지하철 공짜로 타는 나이 65세)가 된 이후에 젊어서도 못 해본 엄청난 짓들을 많이도 저질렀다. 네팔에서 마르디 히말 등정, 나미브 사막에서 스카이다이빙, 튀르키예의 페티예에서 패러글라이딩, 아프리카 12개국 종주, 729일간의 첫 번째 세계일주, 570일간의 두 번째 세계일주, 285일간의 세 번째 세계일주를 맨정신에 해냈다.

　내 여행 신조가 "I am a slow walker, but I never walkback"이다. 에이브러햄 링컨의 말이다. 세계일주를 하는 동안 이 원칙을 잘 지켜왔다. 그러나 이번 로드 트립에서는 나의 좌우명을 배신했다. 왔던 길을 되돌아가기도 했다. 루트를 여러 번 바꾸기도 했다. 16시간 동안에 1,400km를 달리는 광란의 질주를 하기도 했다. 미쳐야만 이룰 수 있더라.

　30년을 맨땅에 삽질하듯 살았다. 은퇴하고도 10년을 더 삽질했다. 내 인생 2막은 1막과는 완전 다르게 살고 싶었다. 의무나 책임이 아니라 설렘과 호기심을 따라가며 살기로 했다. 걷다죽(지구 끝까지 걷다가 죽자), 다하죽(눈치 보지 말고 하고 싶은 건 다 하고 죽자), 다쓰죽(몇 푼 안 되는 돈 다 쓰고 죽자) 하기로 했다.

　'오늘이 내 남은 인생에서 가장 청춘인 날이다. 오늘이 내 인생의 마지막 날일 수도 있다'라는 생각을 하니 두려울 것도 망설일 것도 없었다. 주머닛돈 쌈짓돈 다 털어서 몰빵하기로 했다. 탕진할 각오로 떠났다. 그런데 돌아오니, 지갑은 얇아졌지만 사람 부자가 됐다. 많은 사람들이 나를 불러주고 찾아주었다.

　로드 트립은 청춘의 질주다. 몸과 정신을 건강하게 해주는 불로약수다. 로드 트립은 치유의 시간이었다. 살아오면서 쌓여 있던 분노, 울화, 스트레스, 미움 등등을 몽땅 날려버렸다. 마음에 새살이 돋았다. 망가졌던 행복회로가 되살아났다. 자존감과 자신감을 회복하게 되었다. 감사하다. 행복하다.

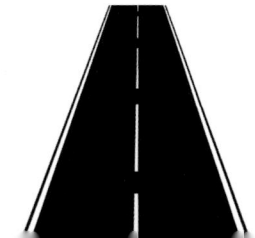

1부 _ 캠핑카+SUV 이용

캠핑카(그랜드서클 투어) : 샌프란시스코 → 요세미티 → 데스밸리 → 라스베이거스 → 자이언 캐니언, 브라이스 캐니언, 홀스슈 밴드, 그랜드 캐니언 → 미티어 크레이터 → 후버댐 → 라스베이거스 → 샌프란시스코
SUV : 샌프란시스코 → 로스앤젤레스(산타모니카, 말리부) → 투손 → 샌프란시스코 → 아이다호 → 옐로스톤 → 러시모어 → 블루어스 → 시카고 → 나이아가라 → 브런즈윅 → 뉴욕 → 워싱턴 → 샌프란시스코

CONTENTS

프롤로그 _ 무계획이 계획이다! 75일간의 맨땅 드라이빙　4

0 Let's Go 미국 로드 트립

'미쿡 Go!' 그 까짓것 가보자	16
계획? 그런 건 젊을 때나 하는 거야	22
탕진할 결심	24

I 미친 여행

로드 트립의 시작, 샌프란시스코	28
자, 이제 캠핑 장비 준비해볼까	34
멍청한 짓인 줄 알면서도 시작한 무모한 도전	39
곰 출몰 지역에서 캠핑카가 퍼지다!	44
아침 한 끼 간단히 먹었는데 너무 하네	57
신들의 정원에서 거닐다	62
자연이 빚은 위대한 예술작품	67
비가 쏟아지는 그랜드 캐니언	73

여행은 걸으면서 하는 독서다	78
캠핑카로 열흘간 4,148km를 달렸다	86
샌프란시스코 하루 투어	88
BMW 탈 팔자네	95
막히면 풀어야지	98
로스앤젤레스의 으스스한 첫날 밤	101
천사와 함께한 비치 투어	104
LA 다사다난 에피소드	107
메이저리그 직관, 역시 다르네	113
호랑이보다 무섭다는 그분한테 딱 걸렸다	115
6.5달러의 행복	119
자동차 키 없이 1,400km를 달린 지옥의 랠리	121
루트를 완전히 역방향으로 바꾸다	129
월마트 주차장에서 스텔스 차박	131
곰 퇴치 스프레이 들고 옐로스톤 하이킹	133

왜 남의 나라 국가에 감동 먹냐고!	138
세상에 없는 여행	142
나이아가라 폭포 앞에서 절규?	148
아프리카에서 시작된 인연	155
깨진 승용차 창문과 오싹한 동네	159
묘하게 유혹적인 브로드웨이 밤거리	162
워싱턴의 환대	168
41일간의 미친 로드 트립 끝!	175

2 끌림 여행

2부 시작, 바꿔 바꿔 여행 다 바꿔!	181
방향 급선회, 실리콘밸리가 확 땡기네	184
샌디에이고의 대표 음식은 짜장면?	187
황량하고 거친 아름다움	191
볼텍스를 듬뿍 받았으니 내게도 영험한 기운이?	196
비포장길 밸리 드라이브하고 황홀감에 빠지다	201

기묘하고 몽환적인 곳	206
예술의 도시 산타페	211
댈러스에서의 다짐	215
지뢰밭 같았던 뉴올리언스	217
100달러를 허공에 날리다	224
비치 구경은커녕 주차장 찾아 삼만 리	227
아름다운 물 위의 길을 달리다	232
컨트리송의 성지에서 하드락까지 즐기다	236
또 다른 도전을 시작하다	239
아, 또 바람처럼 달려야 하나!	243
안개 속에 자태를 감춘 로키산맥	250
도장깨기 기록 하나 추가!	253
시애틀의 잠 못 이루는 밤	257
차 타고 지구 한 바퀴보다 더 달렸다	261
비우고 버리기	266

에필로그 _ 그중에 최고는 사람이었다 267

0

Let's Go
미국 로드 트립

'미쿡 Go!' 그 까짓것 가보자

상상은 뽕이고 행복이다

나이 차가 큰 세 남자가 뭉쳐서 자동차로 미국을 한 바퀴 돌기로 했다. 나와 이쌤, 김튜버(유튜버)다.

나는 117개국을 유랑한 레트로 감성에 충만한, 아날로그 세대의 여행 작가로 70대다. 이쌤은 역마살 뿜뿜인 60대의 퇴직 공무원이다. 30년 전에 업무로 처음 만났다. 서로의 개성과 스타일이 달라 티격태격하면서도 인연을 오래 이어왔다. 여러 차례 국내 여행을 함께했었다. 김튜버는 30대의 청년 유튜버. 2년 전 이집트 다합에서 처음 만나 케냐로 가서 마사이마라 사파리 투어를 함께했었다. 1년 전에는 라오스에서 한 달 살이를 같이 했었다.

우리 셋은 '미쿡 Go'라는 단톡방을 만들어 소통하기로 했다. 그런데 소통이 아주 뜸했다. 단톡방을 만든 지 2년이 훌쩍 지난 2024년 4월 7일, 오프라인에서 만나 첫 미팅을 했다.

첫 미팅 때 여행 시기와 기간, 렌터카 종류와 대략적인 루트 정도만 정했다. 총 여행 일정은 75일로 잡고 1, 2부로 나누어 여행하기로 했다. 1부는 6월 14일부터 7월 25일까지 총 41일간이다. 처음 10일 동안은 캠핑카로 서부 지역을 돈 다음 캠핑카를 반납하고, 나머지 31일간은 SUV를 렌트해서 미국 전역을 한 바퀴 돌 계획이다.

김튜버는 1부만 함께하고 7월 25일에 먼저 귀국한다. 2부는 이 쌤이랑 둘이서 7월 25일부터 8월 28일까지 총 34일간 미국과 캐나다에서 마음 끌리는 곳을 여행하기로 했다.

세 명이 함께하는 1부는 디테일하진 않아도 그나마 대략적인 계획을 세웠다. 그러나 2부는 아무것도 계획하지 않았다. 그때그때 끌리는 곳을 찾아서 시간에 쫓기지 말고 여유롭게 다녀보기로 했다. 가다가 마음에 드는 곳이 있거나 힘이 들면 잠시 멈추고 빈둥거리며 보내기로 합의했다.

미국의 도시에서 머물 수도 있고 캐나다나 멕시코로 갈 수도 있을 것 같다. 아님 알래스카나 카리브해 크루즈도 괜찮을 듯하다. 상상은 무죄니까. 상상은 뽕이고 행복이니까.

낙천적인, 사실은 매우 안일한

셋 다 개성이 강하다. 기대도 크지만 아무래도 많이 부딪칠 것 같다. 어쨌든 우리는 해낼 거라고 굳게 믿는다.

나 : 무계획 슬로 여행자

세계일주 2회, 튀르키예 일주 자동차 여행 20일, 일본 자동차 여행 14일.《철부지 시니어 729일간 내 맘대로 지구 한 바퀴》,《아프리카 이리 재미날 줄이야》,《고비는 예뻤다》저자.
매우 게으름, 저질 체력, 짬밥 덕에 위기 대응은 아주 잘함.
여행의 바람잡이 역할, 이번 여행의 기획자.

이쌤 : 공무원 퇴직자

엄청 부지런함, 강골 체력, 긍정 마인드, 바른말쟁이.
나랑은 여러 차례 국내 자동차 여행을 함께함.
운전과 취사, 몸땜에 강함.

김튜버 : 유튜버

우직, 순박, 진실의 오묘한 조합.
강철 체력, 라면으로 하루 3식 가능함.
운전하면서 유튜브 찍을 계획.
전체 계획, 준비 담당.

세 사람 모두 어찌 되겠지라는 좋게 말하면 낙천적인, 사실은 매우 안일한 생각을 갖고 있는 비슷한 부류들이다. 〈덤 앤 더머〉의 코미디를 능가할 것으로 예상된다. 게다가 나와 이쌤은 아직도 아날로그 시대의 낭만주의적 사고방식에서 벗어나지 못한 채 산다. 무데뽀, 무계획, 무원칙 여행임에도 설레며 의기투합했다. 이건 무식하거나 용감하거나 아니면 순진하거나 멍청하거나 중에 하나다. 유유상종이라 그나마 다행이다.

어지간한 건 미국 대형 마트에 가서 구입하면 되고 어려운 상황이 닥치면 그때 가서 적당히 해결하면 된다고 자만하며 걱정은 안 한다. 걍 몽골 기병처럼 말고기 말린 거 분말로 만든 다음 자루에 담아서 자동차 시트 밑에 깔고 다니다가 배고프면 물에 타 먹으면 제일 간단하긴 한데.

앓느니 죽겠다

난 긴 여행을 떠날 때마다 속으로 말한다. '이제 7학년이다. 어쩌면 이것이 내 인생의 마지막 여행이 될지도 모른다.' 카르페 디엠(Carpe diem)과 하쿠나 마타타(Hakuna Matata)를 외친다. '그래! 오늘 행복하자! 걱정하지 마, 문제없어. 모든 게 잘될 거야.'

세계일주를 두 번이나 했지만 한 번도 세부적인 계획을 세워서 간 적은 없었다. 헛발질, 호구짓, 쪼다짓을 많이 하며 어리바리 다녔지만 다행스럽게도 무사히 잘 마쳤다. 그런 내가 봐도 '미쿡 Go' 계획이 좀 엉성하긴 하다. 그래도 여행에 진심인 멤버들과 함께하기에 걱정이 크게 되지는 않는다.

나는 원래 계획 없이 여행하는 스타일이다. 제법 그럴듯한 이유를 댄다. "나는 계획 따라가지 않고 갬성 따라가는 여행자다!"

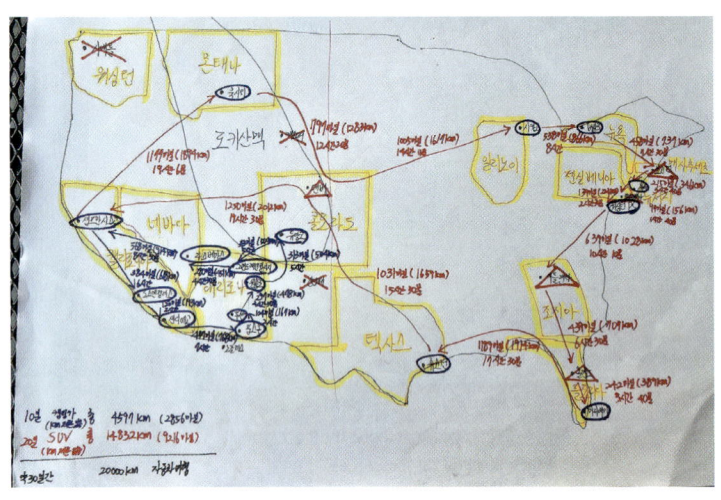

― 발로 그려본 대략적인 여행 루트

 말은 근사하다. 뻥이다. 사실은 디테일한 계획을 세울 능력이 안 된다. 게으르기까지 하다. 근거도 없이 여행운을 기대하고 믿는다. 가다가 좋은 곳을 만나면 며칠씩 머물 생각인데 촘촘한 계획은 혼란만 초래한다고 뻑뻑 우긴다. 어려운 상황은 몸땜하면 된다고 믿는다. 어쨌든 세계일주 두 바퀴를 무사히 마쳤는데 '미쿡 두 달 반쯤이야~'라는 시건방진 생각까지 갖고 있다.

 미국 자동차 여행을 다녀온 여러 사람들의 이야기를 들어봤다. 특히 <u>미국 국립공원 내 숙소는 6개월 전에 예약해야 한단다.</u> 앓느니 죽겠다. 그들의 계획서를 보니 마치 전쟁을 준비하는 작전계획서 수준이다. 방대하고 세밀하다. 보는 것만으로도 기가 질린다.

 한편으로는 은근 불안하긴 하다. 나도 뭔가 해야 할 것 같은 압

← 국립공원 애뉴얼 패스

박감을 느껴 꼭 챙겨야 할 것들만 준비했다. 왕복 비행기표, ESTA 신청, 렌터카 예약, 보험 가입, 샌프란시스코에 도착해서 지낼 저렴한 롯지 3일 예약, 국립공원 애뉴얼 패스(당근에서 미사용 중고 구입) 준비, ㅁ자형으로 종단 및 횡단할 대략적인 루트 구상(디테일은 천천히).

혹시나 여행 뻘이 솟으면 귀국 티켓은 찢어버릴 생각이다. 중미와 남미까지 갈 꿍꿍이를 갖고 있다. 이번에 취항하는 저가 항공의 샌프란시스코 비행기표는 가격이 아주 착하다. 50만 원대다. 환불할 경우 수수료 빼면 남는 건 별로 없을 것 같다.

하지만 엎어진 김에 쉬어 가고 떡 본 김에 제사 지내면 되지 않겠어? 큰돈 들여 북미 대륙 로드 트립하는 김에 중남미 대륙도 가보는 거지. 언제 또 와보겠어! 날리는 티켓? 그 까짓것~ 기회비용이라고 생각하고 말면 되지 뭐.

한 달 남겨놓고 계획과 준비는 뒷전이고 상상 놀이나 하고 있다. 내가 생각해도 한심하다. 그럼 어때, 상상으로라도 행복하면 됐지 흐흐~ 나이 먹으면, 졸면 죽는다가 아니라 철들면 죽는다. 상상 유희는 힘도 안 든다. 세금도 이자도 없다. 마음껏 나래를 펴본다.

계획? 그런 건 젊을 때나 하는 거야

'미국 대륙 자동차 일주 여행' 출발이 3일 앞으로 다가왔다. 이제서야 비로소 제대로 된 여행 지도를 완성했다. 여친(여자친구 아니고 여행친구) 수정 님이 남편 사무실에서 하루 종일 스케줄과 여행 지도 등 로드 트립에 꼭 필요한 것들을 정리해주었다. 수정 님은 두 번째 세계일주를 할 때 이집트 다합에서 처음 만났다. 큰 여행사에서 오래 근무한 커리어를 갖고 있다. 수정 님 덕에 여행의 나침판이 준비되었다. SOS를 치면 언제나 발 벗고 나서주는 수정 님이 고마울 뿐이다.

두 차례의 세계 일주를 하면서 그럴듯한 여행 지도를 만들어 본 건 이번이 처음이다. 미국에 다녀온 분들이 하도 걱정하고 은근히 겁도 주고 해서 살짝 압박감을 느꼈다. '그래? 그럼 만들면 되지 뭐' 하고 한번 해본 거다. 어쩌면 보여주기용이라고나 할까? '우리도 다 계획이 있다구요~' 하고.

▬ 수정 님이 만들어준 제대로 된 여행 지도(여행 중간에 돌발 사태가 생겨 루트가 바뀌었다.)

 물론 이대로 다니진 않을 게 분명하다. 계획은 계획일 뿐이다. 난 노마드 여행을 할 거니까. 끌리면 가고 안 끌리면 안 가면 그만이다. 좋으면 더 있고 아니면 떠날 거다. 내 감성과 인연을 따라서 갈 거니까….

 유명하다고 해서, 남들이 다 간다고 해서 사진 찍으러 무조건 찾아가지는 않을 거다. 이름 없는 초원이나 작은 도시라도 좋다. 이번 여행의 콘셉트는 자유로운 영혼의 미쿡 노마드가 되어보는 거다!
(멋져 보였는데 실제로 여행을 해보니 현실은 완전히 달랐다. 매일매일 신기루에 홀린 듯 앞만 보고 정신없이 바쁘게 다녔다. 맨땅에 삽질하고 다니는 것 같았다. 노가다 뛴 것처럼 몸이 힘들어했다.)

탕진할 결심

오늘, 내 '길 위의 인생' 중에서 가장 비싼 여행을 떠난다.

그동안 걷다죽(걷다가 죽자), 다하죽(하고 싶은 건 다 하고 죽자), 다쓰죽(다 쓰고 죽자)을 다짐하며 살아왔다. 하지만 두 차례의 세계일주 여행을 할 때는 정말 짠내 나게 아끼며 다녔다. 장기 배낭여행자의 기본이니까, 몸에 밴 습성이니까, 꾀죄죄하게 여행해도 행복하니까….

하지만 이번 미국 자동차 여행에서는 알량하게 모은 돈을 모두 탕진하기로 결심했다. 팔만 한 소도 없고 논밭도 없고 아파트도 없다. 주머닛돈, 쌈짓돈, 양말과 팬티 속에 꼬불쳐둔 돈까지 탈탈 털었다.

미국은 비싸도 넘 비싸다더라. 돈은 써야 생긴다는 속설을 믿기로 했다. 차도 팔고, 딸들과 여동생의 도움도 받고, 절친들의 후원도 받았다. 지갑이 채워지니 든든하다.

돈질! 까짓것 나도 한번 해보는 거다. 남자는 배짱이다. 생각을

— 출발 하루 전 마지막 점검

바꾸니 간땡이가 부풀어오르는 듯하다. 캠핑카 렌트비도 비싸지 않게 느껴진다. 미국의 무섭게 비싸다는 숙박비에도 위축되지 않는다. 캠핑 도구는 미국에 가서 중고품 위주로 구입하면 된다.

통 큰 척, 대인배인 척, 쿨한 척하니 모든 게 만사형통이다.

중학교 때 스카라극장 3층 꼭대기에서 봤던 영화 〈삼총사〉의 주인공인 양 착각하면서 떠난다!

아디오스 아미고~ 친구들아 잘 있어~~~.

1

미친
여행

로드 트립의 시작, 샌프란시스코

샌프란시스코는 몽환적인 도시일 거야

샌프란시스코는 6월인데 웰케 추운 거야. 겨울옷 생각이 절로 났다. 헐~ 기온이 12~20도다. 태평양에서 불어오는 강풍이 겨울처럼 차갑다. 바다 가까이에 있는 숙소는 시내보다 훨씬 더 추웠다. 갑자기 기온이 뚝 떨어진 곳에 오니 적응이 잘 안 된다. 게다가 낮과 밤이 바뀌어 계속 졸립고 몽롱하고 메롱메롱하다.

암튼~~ 짜잔! 미국 동서남북 자동차 일주 여행 첫날이다.

"샌프란시스코에 가면 당신의 머리에 예쁜 꽃을 꽂으세요. 그곳에 가면 친절한 사람들을 만날 거예요…."

스콧 메켄지(Scott Mckenzie)가 부른 〈샌프란시스코(San Francisco)〉를 음정 박자 무시하고 흥얼거리며 기대에 잔뜩 들떠 있었다.

오래전 이 노래를 들으면서 샌프란시스코는 몽환적인 도시일 거라는 상상을 했었다. 사진과 영화에서처럼 아침 안개가 자욱하게 피어오를 것 같았다. 땡땡땡~ 종소리를 울리며 천천히 언덕길을 오르는 케이블카[노면전차(street car)는 노선과 외관이 다르다]를 꼭 보고 싶었다.

손톱 밑에 때는 꼈어도 가슴에 낭만을 품고 사는 로맨틱 가이라고 착각하며 산다. 그래서 미국 자동차 일주 여행의 시작과 끝 도시를 샌프란시스코로 정했다. 사실 그건 명분이다. 진짜 이유는 샌프란시스코에 신규 취항하는 항공사가 내놓은 항공권 가격이 너무 싸서 덥석 물어버린 것이었다.

저가 항공이라 허용된 짐의 무게가 23kg이다. 김튜버의 캐리어 무게가 3kg 오버되었는데 추가 요금이 6만 원이란다. 생돈 낼 일 없다! 재빠르게 짐을 꺼내 세 명의 캐리어에 나누어서 넣었다. 간단히 6만 원을 벌었다. 그래도 왕복 110만 원이라는 착한 가격이 예뻐서 투덜거리지는 않았다. 거기다 보잉 드림 라이너 기종의 비행기는 좌석까지 널찍해서 기분이 업되었다. 하긴 내가 숏다리라 넓게 느껴진 것 같다.

인천공항에서 출발하는 비행기는 30분이 지연되어 출발했다. 한국에서는 드라마를 전혀 안 보는데, 비행기에서 보니 재미있어 〈끝내주는 해결사〉를 보느라 한숨도 못 잤다. 기내식으로 무려 참치 비빔밥을 줬다. 고추장과 참기름도 주고 샐러드까지 나왔다. 출발 전 인천공항에서 거금 16,000원을 주고 제육백반을 먹었는데

— 샌프란시스코 공항. 택시가 빨간색이다. 소방차인 줄 알았다.

도 어느새 배가 고파서 뚝딱 비웠다.

　샌프란시스코와의 시차가 16시간이라 환산하는 데 자꾸 헷갈린다. 학교 다닐 때 수포자(수학 포기자)였으니, 버벅대는 게 당연하다. 문과생 출신의 한계다. 미국에 도착해보니 출발한 날짜 그대로이다. 내 인생의 하루가 늘어난 느낌? 한국에 도착하면 당연히 하루를 더해야 되겠지만….

　10시간이 넘는 긴 비행 끝에 드디어 샌프란시스코 공항에 도착했다. 미국 이미그레이션에서는 가족 친지일 경우 창구에서 함께 동시에 처리해준다. 우리 일행도 투어팀이라고 말하고 한꺼번에 받았다. 질문이 많다. 여행 목적은? 어디를 얼마나 갈 예정이냐? 현금은 얼마나 있느냐? 직업이 무엇이냐? 세 사람은 어떤 관계냐? 미국에 친척이나 지인이 있느냐? 등등. 출력해간 여행 일정과 여행지도 등을 보여주며 공손하게 답변하니 오케이다. 나 혼자 답변하고 세 사람이 통과했다. 일타삼피다. 세 명이 각자 입국심사를 받았으면 똑같은 질문과 답변을 반복했을 테니.

샌프란시스코 공항은 조금 한가한 느낌이었다. 공항을 나오는데 양쪽 벽면에 히피와 게이 관련 사진들이 많이 걸려 있었다. 샌프란시스코는 '히피들의 천국' '게이들의 도시'라 불렸었다. 내리자마자 유심칩을 사서 개통하고, ATM에서 달러를 인출하고, 우버 택시를 호출해 숙소로 직행했다. 샌프란시스코 공항에서 우버 택시를 타려면 출발 수속하는 3층 3번 게이트로 나와 길 건너 13번 존으로 가서 기다려야 한다.

밥 사먹다가 거덜나겠군

공항 근처에 있는 트래블 롯지 인에 3일 동안 묵을 예정이다. 공항에서 가까운 거리인데도 우버 요금이 26달러씩이나 나왔다. 거리 대비 좀 비싼 느낌이지만, 노랑머리 백인 아저씨가 무거운 짐을 모두 차 트렁크에 싣고 내려주는 서비스를 받고 보니 마치 만수르가 된 기분이었다.

숙소에 짐을 풀고 식사 전에 무제한 리필 커피를 한 잔씩 마셨다. 한 잔에 5달러. 세 명이 간단히 점심을 먹고 콜라를 마시니 세금 포함 63.77달러. 고심 끝에 팁은 20%인 12.75달러를 선택했다. 앞으로 두 달 반 동안이나 있을 예정인데, 밥 사먹다가 거덜날 것 같은 느낌이 들었다. 에구구궁~ 식재료를 사다가 해먹어야만 절약됨

▬ 샌프란시스코에 도착해서 3일간 묵은 숙소. 고속도로 옆 허허벌판에 있는 엄청 큰 규모의 모텔이다. 넓은 수영장도 있지만, 날씨가 추워서 들어갈 엄두가 나지 않았다.

을 실감케 하는 계산서였다.

점심 식사 후, 날씨가 추워 후드자켓이나 하나 살까 하고 3시 반쯤 중고용품을 판매하는 창고형 대형 마트에 갔는데 영업시간이 끝났단다! 오전 7시부터 오후 3시까지 영업하다니 미국은 참 배부른 나라인 게 맞다.

시험 삼아 숙소 로비에 있는 ATM에서 현금 인출을 시도해봤다. 20~200달러까지 가능한데, 수수료는 동일하게 2.95달러다. 수수료만 알아보고 실제로 인출은 하지 않았다.

땅이 넓어서인지 숙소에 있는 수영장도 널찍했다. 영화에서 흔히 보던 것처럼 이층 건물에다 방이 엄청나게 많고, 방 앞에 바로 주차장이 있다. 앞으로도 가는 도시마다 시내가 아니라 변두리에 있는 싸고 깨끗한 자동차 모텔을 찾아가야 한다. 시내는 가격도 비

― 호텔 로비에 있는 ATM. 중고용품을 판매하는 창고형 대형 마트 굿윌(Goodwill)

<u>싸지만 주차장이 없거나 주차비를 따로 내야 한다.</u>

방이 넓고 퀸 사이즈 침대가 두 개라 세 명이 자는 데 별 불편함이 없었다. 이쌤과 김튜버가 한 침대에서 자고, 나는 경로우대를 받아서 혼자 잤다. 첫날은 꽤나 미안하고 부담이 됐지만 시간이 지날수록 당연한 것처럼 늘어져 잤다. 가끔은 인간이 참 뻔뻔하다는 자책감이 들기도 했다.

숙박비는 하루에 9만 원 정도로 나중에 간 다른 숙소에 비하면 저렴한 편이었다. 공항 셔틀버스도 있어서 좋았다.

자, 이제 캠핑 장비 준비해볼까

잘 모르면 묻는 게 최선이다

샌프란시스코는 서울보다 16시간이 늦다. 시차 적응이 잘 안 돼서 잠 못 이루는 밤을 보내고 이틀째를 맞았다. 이쌤과 김튜버는 아주 맛나게 꿀잠을 자는데 나만 밤새 뒤척였다. 나이 탓인가 보다.

뒤늦게 깜빡 잠들었는데 아침을 먹자고 깨운다. 만사가 귀찮다. 더 자고 싶은 생각뿐이다.

에고~ 인간들아 좀 더 자게 냅두지~

난 지금 밥보다 잠이 더 중하거든~ 밉다 미워!

아침은 전날 편의점에서 사온 샌드위치, 사과, 바나나, 우유, 커피로 간단히 때웠다. 입이 깔깔했지만 우걱우걱 밀어넣었다.

오늘부터는 밥을 해먹기로 했다. 우버를 불러 식재료를 사기 위해 가까운 한인 마트로 갔다. 샌프란시스코에서 머무는 3일 동안 먹을 식품을 잔뜩 샀다.

─ 미국의 팁 문화에 대한 이해와 개념 정리를 마쳤다.

    그리고 마트 옆 한국식당에서 점심으로 한식을 포식했다. 호기심 가득한 젊은 김튜버가 식당 사장님에게 미국의 팁 문화에 대해 물었다. 여사장님이 아주 친절하게 설명해주었다. 보통 점심은 15%, 18%, 20% 중에서 선택하고 저녁은 18%, 20%, 25% 중에서 선택하게 한단다. 팁을 현금으로 주고 싶으면 팁 표시란에 ×자로 표시하고 직접 주면 된다. 그분의 설명을 들으니 개념이 좀 잡히는 것 같았다. 로마에 가면 로마법과 룰을 따르면 되고, 잘 모르겠으면 묻는 게 최선이다.

천사의 도움으로 순식간에 안개가 걷히다

    점심을 먹고 있는데 아이크 신(Ike Shin) 대표에게서 연락이 왔다. 신 대표는 SNS를 통해 알게 된 사이다. 샌프란시스코에서 그랜드

서클 투어로 유명한 '요셈여행사'(요세미티의 준말) 대표다. 내가 SNS에 올린 미국 자동차 일주 여행 일정을 보고 댓글로 여러 가지 조언을 해주고 '좋아요'를 눌러서 격려를 보내주었다. 우리 일행이 샌프란시스코에 도착하는 날을 기억하고 시간을 내준 것이다.

한인 마트 근처에 있는 맥도날드에서 만나 첫 대면 인사를 나누었다. 필요한 물품을 구입하러 가야 한다고 했더니 함께 가서 도와주겠단다. 바쁜 여행사 대표님이 시간을 내서 도와주니 그저 그냥 감사 무지막지였다. 무려 6시간 동안 코스트코, 국제수퍼마켓(한국 제품과 식품이 없는 게 없다), 스포츠용품점(BIG5), 의류할인매장(TJMaxx), 캠핑용품 전문 매장(REI), 자동차 여행용품점, 약국(CVS pharmacy) 등을 발바닥에 불이 날 정도로 바쁘게 돌며 쇼핑을 했다.

미국 거주 25년의 포스가 넘치는 신 대표의 안내로 망설이거나 비교할 필요도 없이 콕콕 집어서 카트에 실었다. 그는 캠핑광이고 자동차 여행 전문가이기에 두리번거릴 필요가 없다. 텐트, 아이스박스, 에어 매트, 버너, 연료, 코펠, 수납박스, 전기밥솥, 프라이팬, 핸드폰 차량 거치대, 야외용 LED램프, 대용량 배터리, 밥그릇, 국그릇, 지퍼백, 상비약, 초경량 침낭 등등 필요한 건 다 구매했다. 미션 올 클리어~ 퍼펙트!

워낙 종류가 많아서, 총무를 맡은 꼼꼼한 김튜버도 품목별로 가격을 정리해서 하나하나 기록하는 걸 포기하고 사진을 찍어서 지출 내역만 담아두기로 했다. 700달러 약간 넘게(약 100만 원) 지출했다. 대충 계산해보니 석 달 동안에 본전을 뽑고도 남을 것 같아 흐

— 국제수퍼마켓, BIG5, CVS pharmacy, TJMaxx
— 코스트코에서 요셈여행사 아이크 신 대표(왼쪽)와 함께 쇼핑

— 국제수퍼마켓에서 사온 반값 세일 도시락으로 차린 화려한 만찬

못했다.

　국제수퍼마켓에서 문 닫기 직전에 반값 세일하는 도시락을 이것저것 사와 숙소에서 함께 북적거리며 먹으니 꿀맛이었다. 식사가 끝나고 바로 신 대표의 컨설팅이 시작되었다. 열흘간의 서부 지역과 그랜드 서클 여행 계획을 점검하고 루트를 확정해주었다. 눈앞에 진하게 덮여 있던 안개가 일순간에 싹 걷힌 듯 자신감이 생기며, 직접 가본 것처럼 선명해졌다. 그동안 사실 설렘보다는 두려움과 걱정이 더 컸었다. 미팅을 마치고 나니 비로소 가슴이 제대로 두근거리기 시작했다. 안도감과 도전 정신이 살아났다.

　휴일인데도 시간을 내서 달려와 열과 성을 다하여 도와주는 신 대표의 모습에 감동을 받지 않을 수가 없었다. 아마도 전생에 의병이었을 듯. 정이 느껴졌다. 멋지다! 감사하다! 생각지도 않게 천사를 만나 어려운 과제들을 순식간에 다 풀어버렸다.

멍청한 짓인 줄 알면서도 시작한 무모한 도전

마지막 점검과 휴식의 하루

3일 만에 잠을 깊이 푹 잤다. 전날 구입한 멜라토닌을 한 알 먹은 게 효과가 있었나 보다. 아님, 쇼핑하느라 많이 걸어서 몸이 고달파서 숙면했나? 혈당을 체크해보니 107이다. 나쁘지 않은 아침이다.

6월인데도 늦가을에서 초겨울로 넘어가는 듯한 날씨가 내겐 매우 춥게 느껴졌다. 주변 지역은 30도를 훌쩍 넘는데, 샌프란시스코만 쪽에 있는 동네는 유독 춥다. <u>미국을 여행하려면 사계절 옷을 다 준비해야 한다는 말이 실감 났다.</u>

요셈여행사 신 대표가 스탠퍼드대학교 안내를 해주겠다고 전화가 왔지만 우리는 마음의 여유가 없기에 사양했다. 샌프란시스코 여행은 열흘 후 캠핑카 여행을 마치고 돌아와서 그때 제대로 하자고 미루었다.

저녁에 신 대표가 텐트, 큰 보온병, 바닥 매트, 겨울 침낭 두 개를

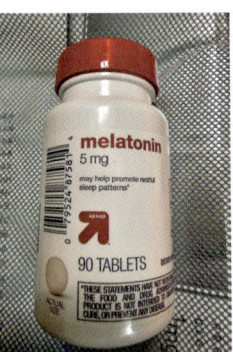 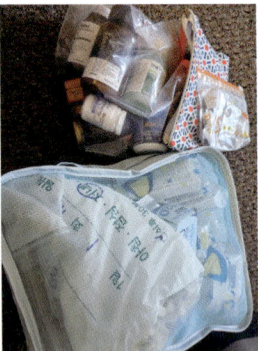  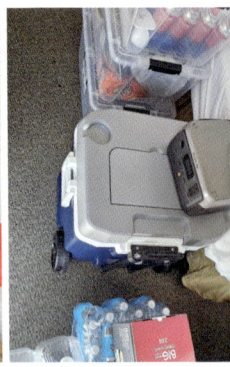

— 시차 적응을 위한 멜라토닌. 여행 갈 때마다 당뇨약, 혈압약, 건강보조제, 비타민 등등을 한 보따리씩 싸간다. 건강해서 여행하는 게 아니다. 건강이 더 나빠지기 전에 여행하려는 거다. 여행을 통해 건강해지려고 한다.
— 신 대표가 가져다준 캠핑용품들과 열흘간 사용할 여러 물품들

가지고 왔다. 혹시 날씨 변화를 모르니 가지고 가서 사용하라고 본인의 용품들을 챙겨온 것이다. 성의와 배려가 눈물 나게 고마웠다.

오늘은 하루 종일 숙소 밖을 나가지 않고, 여행 계획을 다시 점검하고 준비물을 챙겼다. 전날 숙면을 취했더니 안 보이던 게 보였다. 방 안 천장에 등이 없었다. 미국은 대부분 벽등이나 스탠드 조명을 사용한다. 환하게 켜놓는 천장등과는 또 다른 분위기를 즐기며 그동안 밀린 포스팅을 했다.

내일 걱정은 모레 하자

다음날 아침 일찍 렌터카 회사로 가서 잔금을 지불하고 캠핑카

를 인수했다. 열흘 사용료 230만 원이 아깝지 않았다. 그런데 렌터카 회사로 갈 때 탄 우버 택시비 46달러는 왜 이렇게 아깝다는 생각이?

평생 처음 타보는 캠핑카! 차 상태도 내부 시설도 만족이었다. 나중에 가면서 이성을 되찾고 꼼꼼히 살펴보니 23만km를 넘게 달린 구닥다리였다. 화장빨에 넘어간 기분이었다.

88서울올림픽 즈음에 나는 애마 포니를 처음으로 운전했었다. 창밖으로 팔을 내뻗으면 비행기처럼 하늘로 부우웅~ 날아올라 갈 것 같았다. 그때처럼 마음이 붕~ 떴다. 가슴까지 터프하게 뛰었다. 선글라스를 장착하고 상남자 폼을 잡아보았다.

이제 요세미티 국립공원으로 출발!

가는 길에 한인 마트와 월마트에 들러 바리바리 사고, 점심도 한식으로 맛있게 먹었다. 우리는 다른 건 몰라도 밥 먹는 것만은 진심이다! 가는 길에 휴게소가 많이 없지만 캠퍼는 아무 곳이나 멈추면 휴게소다. 먹고, 마시고, 사진 놀이 하다 보니 숙소에 밤 9시가 넘어서야 도착했다. 매일 해지기 전에 숙소에 도착하자고 다짐했건만 첫날부터 꽝이었다.

하지만 첫날 숙소는 특별했다. 신 대표가 요세미티 국립공원과 가까운 곳에 있는 자신의 목장을 내준 것이다. 그의 배려가 가슴 저릿하도록 찡했다.

다들 그동안 뾰족하고 각지게 살아왔다. 이번엔 제대로 노마드가 되어보고 싶어 했다. 노마드는 발길이 멈추는 곳이 집이라며, 한국

━ 열흘간 230만 원 내고 빌린 비싼 구닥다리 캠핑카

━ 캠핑장을 예약 못한 우리를 위해 신 대표가 요세미티 근처에 있는 자신의 목장을 내줬다.

에서 예약을 하지 않고 왔다. 멍청한 짓인 줄을 알면서도 무모한 도전을 시작한 것이다.

    다행인지 불행인지 몰라도 세 명 모두 걱정하는 기색조차 없었다. 내일 걱정은 모레 하기로 했다. 오늘이 최고의 날이다. 남은 날 중에 가장 청춘이기에.

곰 출몰 지역에서 캠핑카가 퍼지다!

허공으로 날아간 67달러

요세미티 국립공원 곳곳을 열심히 찾아서 돌아다녔다. 브라이덜 폭포(Bridal Veil Falls), 워시번 포인트(Washburn Point), 터널뷰(Tunnel View), 미러레이크(Mirror Lake), 요세미티 폭포 등 엽서 그림 같은 풍경에 퐁당 빠졌다. 눈이 시원하다.

요세미티에서 3일간 잘 있다가 떠나는 날이다. 호사다마. 눈 누난나~ 신나신나~ 즐거워하고 있는데 갑자기 캠핑카가 퍼져버렸다. 돌발 상황이다. 휴게소 입구에서 잠시 섰다가 다시 출발하려는 순간 기어가 전혀 들어가지 않았다. 이 휴게소는 15분간만 주차가 가능한 데다 상점이나 식당도 없다. 곰이 출몰하는 지역이라서 장기 주차나 밤샘 주차는 허용되지 않는다.

더 큰 문제는 인터넷 연결이 잘 안 되는 지역이라는 것이다. 나중에 알았지만, 미국 국립공원 지역은 거의가 인터넷이 터지지 않

― 워시번(글레이셔) 포인트, 요세미티 셔틀버스, 브라이덜 폭포, 요세미티 밸리 캠프 그라운드, 테나야 호수

— 요세미티 노스 파인 캠핑장

는다. 난감했다. 하필이면 이런 곳에서 차가 서버리다니!

그래도 어쩌겠는가. 요세미티가 하루 더 놀다 가라고 바짓가랑이를 붙잡고 늘어지니 할 수 없지 뭐. 그래 알았어! 하루 더 놀다 갈게. 이날 저녁에 묵기로 한 캠핑장 예약금 67달러는 허공으로 날려버렸다. 취소해도 환불이 안 되는 조건이었다.

일단 서비스센터에 연락했다. 다음날 아침에나 조치가 가능하다고, 아주 몹시 매우 얄미울 정도로 친절하게 답변해주었다.

천사 1 소환

샌프란시스코에 사는 신 대표에게 SOS를 쳤다. 인터넷이 잘 안되는 지역인데, 하늘이 우리를 불쌍히 여겼는지 어쩌다 연결이 됐다. 지금은 투어팀을 가이드하는 중이어서 잠시 후 렌터카 회사에

— 캠핑장 곳곳에 곰이 접근하지 않도록 물건을 넣은 뒤 잘 잠그라는 표시가 붙어 있다. 가던 길을 멈추고 자기 일처럼 도와준 빅터 부부

전화를 해주겠다고 했다. 인터넷이 되다 말다 했다. 유심 회사마다 잘 연결되는 구역과 안 되는 구역이 달랐다.

이런 경우를 대비해서 세 명이 각각 다른 통신사의 유심을 선택했었다. 버라이즌(Verison) 통신사가 그나마 가끔씩 연결이 됐다. 그러나 한 번 통화가 된 이후로 계속 인터넷이 끊기는 바람에 연락이 되지 않는 가운데 시간만 자꾸 흘러갔다.

천사 2의 맹활약

마침 빨간색 승용차가 한 대 주차해 있는 게 보여서 도움을 청해보려고 다가갔다. 상황을 설명했지만 자기도 여행자라서 뭘 어떻게 해야 하는지 모르겠단다. 그러면서 일단 1마일(1.6km) 떨어진 곳에 레인저 오피스(Ranger Office)가 있으니 거기 가서 도움을 청해보라고 했다.

악센트가 유별나서 물어보니 우크라이나 이민자였다. 이름은 빅터(Victor). 아무튼 빅터 부부의 말대로 레인저 오피스를 찾아가보기로 했다. 내가 어찌할지 몰라서 머뭇거리자 빅터가 도로로 나가서 지나가는 차를 거의 몸으로 막듯이 세웠다. 다행히 대형 캠핑 트레일러 차량 한 대가 멈춰 섰다. 빅터가 상황을 설명하고 레인저 오피스까지 태워다 달라고 부탁했다. 가는 길이니 태워주겠다며 얼른 타라고 문을 열어주었다.

천사 3은 맥가이버 구세주

급한 마음에 무조건 올라타고 나서 생각해보니 핸드폰을 차 안에 놔두고 왔다. 아차 싶었지만 가지고 왔다고 해도 인터넷 연결이 안 되니 무용지물이다 싶어 그냥 신경 끄기로 했다. 하지만 늘 가지고 다니다 없으니 마음이 안절부절못했다.

차를 타고 가면서 운전자와 얘기해보니, 미네소타에서 혼자서 휴가 여행을 왔다고 했다. 이름은 안츠(Ants). 한참을 가도 레인저 오피스가 보이지 않았다. 나중에 보니 레인저 오피스가 있는 캠핑장이 도로 안쪽에 있어서 안내판을 못 보고 지나친 것이었다.

12마일(19.3km) 정도 달려가다 보니 호수가 나왔다. 여기는 우리가 오던 길에 한참을 쉬었던 곳이었다. 레인저 오피스가 걸어서 갈 수 있는 1마일 정도의 가까운 거리에 있다고 했는데, 이렇게 멀리

— 맥가이버 구세주 안츠

가 없다는 생각이 들었다.

안츠도 지나쳐 온 거 같다며 차를 다시 돌렸다. 대형 캠핑 트레일러를 달고 있어서 좁은 주차장에서 차를 돌리는 게 힘들어 보였다. 그래도 그는 싫은 내색을 전혀 하지 않았다. 차를 되돌려 가다가 우측에 레인저 오피스가 같이 있는 캠핑장 안내판을 발견했다. 레인저 오피스에 가서 사정을 설명했으나 자기들은 도와줄 방법이 없다는 답이 돌아왔다. 다만 사고 위치가 곰 출목 지역이라 장기 주차 금지 구역이지만, 밤샘 주차에 문제가 없도록 조치해주겠다고 했다. 그나마 소득이 있었다.

안츠와 캠핑카로 돌아와 보니 아뿔사, 또 다른 돌발 상황이 벌어져 있었다. 캠핑카에 남아 있던 두 사람이 자동차 키를 차 안에 두고 내려 차 문이 잠겨서 당황해하고 있었다. 엎친 데 덮친 격이었다.

안츠가 도와주겠다고 나섰다. 자기 차로 가서 공구를 가지고 와서 창문을 깨지 않고 문짝 틈을 살짝 벌린 후에 고리를 밀어넣어 열림 버튼을 누르니 차 문이 덜컹 하고 열렸다. 우리는 만세를 부르고 박수를 치고 난리 블루스를 쳤다. 광복절이 따로 없다.

여기에 탄력받은 안츠가 고장난 차를 직접 수리해보겠다고 나섰다. 그의 차량 화물칸을 여니 각종 수리 도구가 한 보따리였다. 미국은 인건비가 비싸서 어지간한 건 자기가 직접 수리해야 한단다. 먼저 퓨즈부터 체크하고, 컴퓨터 자동 진단기도 들이대며 최선을 다했지만 결국 포기하고 말았다. 그래도 그는 맥가이버 구세주였다. 서로 뜨겁게 포옹하고 떠나보냈다.

천사 4 등장

가던 길을 멈추고 자기 일처럼 나서 준 빅터와 안츠가 가고 나니 그냥 막막했다. 다음날 아침까지 버틸 각오를 하고 준비를 했다.

망연자실한 표정으로 처량하게 차에 앉아 있는데 띠리링 띠리링 전화벨이 울렸다. 애타게 기다리고 기다리던 신 대표의 전화였다. 렌터카 회사의 정비사가 저녁 9시 반까지 오기로 했단다. 우린 환성을 터뜨렸다.

기다리는 동안 컵라면으로 저녁을 때우고 산책을 하며 시간을 보냈다. 그 사이에 렌터카 회사로부터 전화가 여러 번 왔었다. 하지만 통신 상태가 안 좋은 지역이라 상대방 목소리가 전혀 안 들렸다. 국립공원 내라서 어찌할 방법이 없었다. 뒤늦게 정비사가 보낸 문

 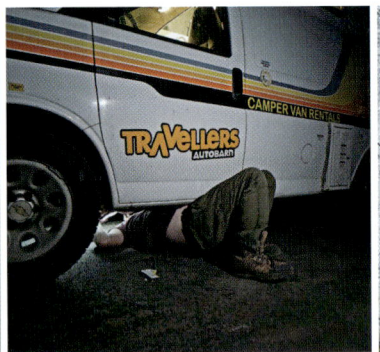 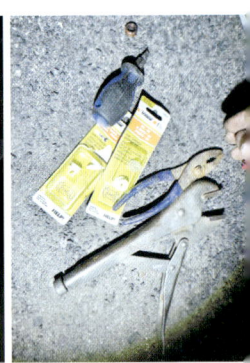

— 한밤중에 낡은 승용차를 타고 달려와 5분 만에 문제를 해결해준 제임스

자가 도착했다. 밤 12시경에 도착할 것 같단다. 예정된 시간보다 많이 늦긴 하지만 정비사가 온다는 확실한 메시지를 받으니 걱정이 덜어졌다.

비록 캠핑 그라운드 예약금 67달러를 날렸지만 I don't care다. 한참 후 정비사와 전화 통화가 됐다. 밤 11시 30분에 도착한단다. 정비사의 마지막 말이 "Never give up!"이었다. 멋진 멘트였다. 전쟁 영화의 대사 같았다. 와주기만 하면 땡큐였다.

다시 정비사한테 전화가 왔다. 차량 위치를 쉽게 찾을 수 있도록 실내등을 모두 켜두라고 한다. 오면서 계속 현재 상태와 상황을 물으며 "걱정 말아라, 금방 도착한다"고 격려를 해주었다. 멋진 아재다. 문제가 해결될 수 있다는 확신이 들자 마음이 놓이면서 배가 꼬르록 소리를 내는 게 들렸다. 라면을 끓여서 먹고 커피까지 한 잔 마시니 속이 좀 든든해졌다.

밤 11시 20분. 칠흑같이 어두운데 낡은 승용차 한 대가 우리 차 옆에 와서 섰다. 이미 문제점을 파악하고 온 것 같았다. 5분이면 끝난다면서 바로 차 밑으로 기어들어 갔다. 육중한 덩치가 바닥에 거꾸로 기어들어 가는 모습이 경이로울 정도였다. 가지고 온 작은 볼트 하나를 교체하더니 됐단다. 기어가 제대로 작동했다. 5분 만에 끝냈다. 역시 프로다. 만만세다!

정비사의 이름은 제임스(James)다. 내 영어 이름과 같다. 렌터카 협력 업체인 인근 정비소의 기술자인데, 렌터카 회사의 출동 요청을 받고 우리가 처한 상황을 들은 뒤 부리나케 달려왔단다. 인근이라고는 하지만 오는 데 4시간이나 소요됐다.

미국은 문제가 생기면 하세월이라는데 정말 뜻밖이었다. 감동이었다! "제임스! 고마워요." 뜨겁게 허그를 나누고 제임스가 떠났다. 텅빈 주차장에는 우리 셋만 남았다. 사방은 온통 깜깜하고, 산속이라 기온이 급속히 떨어지며 추워졌다. 우리는 곰이 나오면 어떡하냐고 농담을 하면서 차박 채비를 했다.

역시나 결말은 해피엔딩

나는 퇴직하기 전에 홍보 업무를 10년 넘게 했었다. 사건 사고가 터지면 언론 대응을 하는 게 주임무였다. 그래서 위기 대응 매뉴얼이 머릿속에 입력되어 있다. 거의 자동적으로 움직일 정도로 프로시듀어(Procedure)가 몸에 배어 있다. 오늘 인적 드문 국립공원에서 캠핑카가 퍼졌지만 과거의 경험을 살려 잘 해결해냈다. 그동안 운전과 취사는 거의 이쌤과 김튜버가 도맡아 했다. 나는 뒷전에 밀려 있었다. 오늘 제대로 밥값을 한 것 같아 뿌듯했다.

피곤했지만 쉽게 잠이 들지 못했다. 곰이 나올까 봐 걱정이 되었던 건 아니다. 잠자리가 너무 불편했다. 소형 캠핑카라서 두 명이 자기에는 적당한데 세 명이 자니 좁았다. 서로 바짝 붙어 누우니 여유 공간이 전혀 없었다. 중간에 김튜버가 침낭을 챙겨들고 앞쪽의 운전석으로 자리를 옮겼다. 몸은 피곤했지만 뒤척이다 잠을 설쳤다. 한참 뒤 잠깐 잠이 들었다가 이른 새벽에 눈을 떴다. 곰 출몰 지역에서 무사히 차박을 하고 맞는 일출은 다른 날보다 더 아름다웠다.

곰 출몰 지역이라고 해서 은근히 걱정했는데 별일 없이 지나갔다. 곰보다 더 곰탱이들인 우리가 가련해 보여서 봐줬나 보다. 안도감이 들면서도 한편으로는 아쉬워했다. 곰돌이가 나타났으면 더 특별한 추억이 됐을 거라는 등 철딱서니 없는 농담을 투척하며 깔깔거렸다. 급하게 서둘러서 눈곱만 닦아내고 다음 목적지인 데스밸리를 향해 출발했다. 함께 고생하며, 불편하지만 캠핑카에서 같이 자보니, 나름 재미있었고 낭만도 있었다고 서로를 위로하고 칭찬해주었다.

국립공원 지역을 빠져나와 데스밸리로 가는 중에 신 대표가 반가운 소식을 전해왔다. 렌터카 회사의 서비스센터에서 손해 배상금으로 99달러를 주겠다는 연락을 받았단다. 신청도 안 했는데 미리 알아서 조치해주겠다니 놀랍다. 역시 미국은 시스템이 잘되어 있는 나라라는 걸 실감했다.

차가 멈춘 원인을 따져보았다. 일단 차가 오래되었고, 여러 사람이 운전하다 보니 조작이 매끄럽지가 못해서 볼트가 풀린 것 같다. 앞으로도 이런 경우가 다시 생길 수도 있으니 <mark>운전할 때 절대로 핸드 기어를 힘주어 세게 조작하지 말고 부드럽게 다루자고 서로 다짐했다.</mark>

사고였지만 결말은 해피하게 마무리됐다. 모두가 친절했고 최선을 다해주었을 뿐만 아니라 성원까지 해주었다. 감사하다. 우리도 전혀 당황하거나 동요하지 않고 시종 웃고 농담하며 어려운 순간을 슬기롭게 잘 넘겼다. 앞으로 어떤 힘들고 어려운 상황이 닥치더라도 문제없이 극복할 수 있겠다는 자신감과 믿음을 갖게 됐다.

나의 짧은 영어와 위기관리 경험이 제법 도움이 되었으며, 여행 운과 여행복도 따라 주었다. 가장 큰 성과는 나도 제법 쓸모가 있다는 걸 입증해 보인 거다. 고생했지만 끝은 감동이다.

생고생 끝에 얻은 소중한 정보

- 미국 심카드 중에 티모바일(T-mobile)은 시내를 벗어나면 자주 먹통이 된다. 버라이즌이 좀 낫다. 한국 로밍의 성능은 중간쯤이다.
- 요세미티 국립공원은 인터넷 연결이 거의 안 된다. 사막 지역

이나 무인 지역도 마찬가지다. 먹통 지역이 많다.
- 요세미티의 6월은 낮에는 따뜻하지만 밤이 되면 겨울처럼 춥다. 캠핑카나 텐트에서 침낭 속에 들어가 자도 추워서 몇 번씩 깨게 된다. 내복 생각이 절로 난다. 밤에 너무 추워서 기념품 가게에서 거금 75달러를 주고 산 두꺼운 후드 재킷을 껴입고 견뎠다. 여름이라도 침낭과 사계절 옷을 준비해서 가야 한다.
- 미국인들은 친절했다. 여러 명에게 도움을 요청했는데 모두가 한결같이 친절하게 나서주었다. 구석진 곳이나 도로 옆에 차를 세우고 트렁크 문을 열고 쉬고 있으면 꼭 누군가가 다가와서 차를 멈추고 물었다. "무슨 일 있느냐, 도와줄 게 있느냐?" "그냥 쉬고 있다. 간식을 먹고 있다"고 대답하면 알겠다며 손을 흔들어주고 갔다. 많은 미국인이 어려운 일이 있으면 기꺼이 돕겠다고 나서는 걸 보면서 좋은 인식을 갖게 되었다.
- ==한국에서처럼 생각하고 깜빡이를 점멸하거나 트렁크 문을 열어두면 무슨 사고가 발생했거나 도움을 요청하는 신호로 이해하고 다가오니 사용에 유의해야 한다.==
- ==차를 렌트할 때는 좀 비싸더라도 신형을 택해야 한다.== 우리처럼 저렴한 거 좋아하다가는 생고생을 하는 경우가 생긴다.
- 미국은 여행 인프라와 시스템이 잘되어 있어 ==안전에만 주의하면 자동차 여행이 크게 어렵지 않다. 다만 비쌀 뿐이다.==

아침 한 끼 간단히 먹었는데 너무 하네

요세미티 주유소는 너무 비싸

요세미티 국립공원 이스트 게이트를 빠져나와 계속 내리막길을 달리니 강원도 산길 같은 구불구불한 도로다. 요세미티 국립공원은 고도 600~3,962m의 고지대에 있다. 주유소에 들러 주유를 한 다음 조식을 먹기 위해 휴게소 레스토랑에 들어갔다.

참고로 요세미티 국립공원 이스트 게이트에서 나와 첫 번째로 만나는 주유소는 우리가 주유했던 수많은 주유소 중에서 최고로 비쌌다. 다른 곳보다 갤런당 2달러 이상 비싸니 가능하면 이곳에서는 주유를 하지 않는 게 좋다.

조식을 주문하니 번호표를 주고 계산서를 주면서 팁을 선택하란다. 망설임 없이 상남자 포스로 15%를 꾹 눌러서 결제하고, 번호대로 음식을 찾았다. 팬케이크2, 브리또1, 커피1, 콜라2. 제일 싼 걸로 골라서 시켰는데 45달러에다가 팁이 7달러. 52달러면 7만 원

━ 요세미티 국립공원 이스트 게이트. 요세미티를 나오면 처음 있는 주유소라 손님이 많다. 단위가 리터가 아니라 갤런이다. 우리 차는 가득 채우면 22갤런(83리터) 정도였고 가격은 약 85달러였다.
━ 7만 원이 넘는 아메리카 조식. 독특한 외관의 맥도날드. 뒷편 나무 그늘에서 한참을 놀았다.

이 넘는다. 아침 한 끼 간단히 먹었는데 이건 너무하다. 하지만 어쩔 수 없다. 로마에 가면 로마법을 따라야 하니까….

베짱이가 체질이네

아침을 먹었으니 차를 마시며 수다 타임이다. 다들 성격이 워낙 느긋해서인지 서두르는 법이 없다. 시간에 개의치 않고 계속 이바구를 늘어놓더니 결국 11시 넘어 출발이다.

에구구구~ 매일 요모양 요꼴? 가는 도중에 맥도날드에서 점심 식사를 마치고 주차장의 시원한 나무 그늘에 앉아 또다시 여행 이야기 삼매경에 빠져들었다.

결국 이날은 데스밸리 국립공원 한 곳만 갔다. 멤버 중에 한 명이 슬리퍼를 신고 사막 안쪽으로 제법 멀리 들어갔다가 발이 모래에 빠져서 슬리퍼를 못 찾는 코믹한 불상사가 발생했다. 돌아서 나오려는데 맨발로는 너무 뜨거워 걸을 수가 없어 고육지책으로 티셔츠를 벗어 발을 감싸고 빠져나왔다. 발은 성했지만 등은 벌겋게 구워져서 화상을 입었다. 그를 보면서 한참을 웃었다. 가까이서 보면 비극, 멀리서 보면 희극이다.

일몰을 구경한 뒤 어두워진 라스베이거스에 도착하니 저녁 9시 반이었다. 네온사인이 휘황찬란하지만 카지노를 가거나 쇼를 구경하지는 않았다. 너무 늦게 도착해 돌아다닐 엄두가 안 났다. 나중에 샌프란시스코로 다시 돌아갈 때 구경하며 즐기기로 했다.

— 데스밸리 입구. 공기가 엄청나게 뜨겁다. 115°F(46℃)나 된다.
— 열사주의 팻말. 사막 입구에 옛날 마차가 서 있다.

— 라스베이거스 선더버드 모텔. 1박에 9만 원 정도. 라스베이거스 밤거리

    모텔 앞의 중국 식당에서 늦은 저녁을 먹고 돌아오는데 빨간 하이일에 야한 화장과 옷차림을 한 스트리트 걸로 보이는 여자가 우리에게 뭐라뭐라 하며 다가왔다. 웃으며 까딱까딱 손짓까지 했다. 어메 무시라. 우리는 놀라서 도망치듯 모텔까지 뛰었다.

    흐유! 모텔로 돌아와 짐 정리하고 씻으니 12시였다. 피곤했는지 셋 다 얌전히 잠자리에 들었다.

신들의 정원에서 거닐다

트레킹은 저 멀리~

오늘도 11시가 넘어서 느지막이 모텔을 떠났다. 한인 마트에 들러 라면과 햇반과 김치를 구입했다. 점심은 한식당에서 냉면과 비빔밥을 먹고 오랜만에 아이스 아메리카노를 마셨다. 결국 2시가 넘어서 라스베이거스를 출발했다. 목적지인 자이언 캐니언(Zion canyon)까지는 약 160마일(257.5km) 거리라 3시간 정도 걸린다. "늦게 잡고 되게 친다"는 말처럼 세게 밟아댔다.

라스베이거스가 있는 네바다주에서 유타주로 넘어가자 시차가 생겨 1시간이 빨라졌다. 미 대륙을 횡단하다 보면 땅덩어리가 워낙 넓어서 시간대가 네 번이나 바뀌는 경험을 하게 된다.

아무래도 자이언 캐니언 한 군데만 둘러보기에도 빠듯할 것 같은데, 운전자가 브라이스 캐니언까지 가겠다고 한다. 어느 순간부터 핸들 잡은 사람이 일정을 정했다. 그래도 여름철이라 해가 길어

— 라스베이거스 한인 마트. 한식당 만포면옥

서 서둘러 움직이면 두 군데 다 가기는 하겠지만, 사진만 겨우 찍고 와야 한다는 게 영 거시기했다. 결국은 자이언 캐니언 한 군데만 갔는데도 해가 지고 말았다.

자이언 캐니언의 출입구는 이스트 게이트와 웨스트 게이트 두 군데가 있다. 우리는 라스베이거스에서 출발했기 때문에 웨스트 게이트로 들어갔다. 일몰 시간이 얼마 남지 않아서 이스트 게이트까지 차로 가면서 경치 좋은 곳에 내려서 사진을 찍고 바로 다시 이동하곤 했다. 원래는 한 군데 정도 트레킹을 하기로 했는데, 곧 일몰 시간이라 그럴 수가 없어서 아쉬웠다.

자이언 캐니언은 '신이 만들어낸 최고의 창조물' 또는 '신들의 정원'이라고 불린다. 3대 캐니언으로 꼽히는 그랜드 캐니언, 브라이스 캐니언, 자이언 캐니언 중에서 가장 남성적이라는 평가를 받는 곳이다. 자이언은 '안식처'라는 뜻을 가진 고대 히브리어에서 따온 말이다. 19세기에 몰몬교도들이 이곳에 정착해서 살기 시작했다.

― 자이언 캐니언

    크림색, 분홍색, 붉은색을 띤 305m의 절벽은 눈부신 하늘과 어우러져 저절로 감탄사가 튀어나오게 한다. 트레킹을 하며 제대로 돌아보려면 2박 3일 코스다. 그러나 우리는 몇 시간 만에 차로 한 바퀴 휘리릭 돌아보고 나왔다. 석양이 물들어가는 자이언 캐니언의 멋진 모습에 경탄과 함께 아쉬움이 밀려왔다. 자이언 캐니언을 뒤로하고 숙소를 찾아 깜깜한 밤길을 달렸다. 엄청 밟았다. 대진격 작전도 아니고 이게 뭐임? 원래 이런 식으로 바쁘게 주마간산식의 여행을 하자는 게 아니었는데 상황이 어쩔 수가 없었다.

― 자이언 캐니언

점차 굳어지는 베짱이 여행 패턴

 매일매일 어디까지 가고 어디서 자게 될지 몰라 당일에야 숙소를 예약했다. 보통 명소에서 30분 정도 떨어진 곳에 있는 자동차 모텔이 비교적 가격이 저렴했다. 방이 여유가 있는 평일은 별문제가 없다. 하지만 주말이면 숙박 요금이 허걱 소리나게 비싸진다. 숙박 사이트에서 비교해보면 평일보다 2배나 비싼 경우도 있다.
 오늘도 오전에는 세월아 네월아 느긋하게 여유를 부렸다. 오후에는 과속으로 달려서 번갯불에 콩 구워 먹듯 구경하고 숙소에 도

― 슈퍼8 모텔. 도시마다 체인점이 있다. 숙박 요금은 조식 포함 64달러

착하니 밤 10시였다.

체크인을 한 다음 캠핑카에 있는 짐을 2층에 있는 방으로 옮겼다(미국은 도난 사고가 워낙 많다는 얘길 들어서 숙소에 도착하면 매번 짐을 날랐다. 아침에는 다시 차로 옮겨 실었다. 이게 보통 힘든 일이 아니었다). 짐을 옮긴 다음 주차장에서 한적한 장소를 찾아 가스버너에 삼겹살을 구워 늦은 저녁을 먹었다.

하루하루 시간이 지날수록 숙소를 나서는 시간이 늦어졌다. 심지어는 낮 12시가 다 되어서 나서기도 했다. 중간에 휴게소(Rest Area)에서 점심을 먹거나 쉬는 시간도 점점 늘어났다. 우리는 점점 베짱이가 되어갔다.

자연이 빚은 위대한 예술작품

경이로운 브라이스 캐니언

　브라이스 캐니언은 자이언 캐니언에서 2시간, 그랜드 캐니언에서 3시간 거리에 있다. 지리적으로 가까이 있어서 보통은 세 곳을 묶어서 다녀온다.
　맨 먼저 간 브라이스 캐니언은 비바람과 물 그리고 얼음에 의해 퇴적암들이 침식되어 만들어진 특이한 지형이 눈길을 끌었다. 특히 수만 개의 후두(Hoodoo)로 유명하다.
　침식에 침식이 계속되어 바위 기둥이 생기는데 이를 '후두'라 한다. 후두의 기둥은 시간이 지나면서 깎여 나가 처음과 비슷한 작은 바위 형태로 변하고, 마지막에는 완만하고 둥글둥글한 언덕으로 바뀐다. 브라이스 캐니언을 바라보고 있노라면 그냥 경이롭다는 말밖에는 달리 할 말이 없다.

— 글렌 캐니언 댐

글렌 캐니언 댐 - 미국에서 두 번째로 큰 인공 호수

　브라이스 캐니언을 보고 난 뒤, 약 200km 떨어진 글렌 캐니언(Glen Canyon) 댐으로 갔다. 글렌 캐니언 댐은 콜로라도강을 모두 쓸어 담았다고 말할 정도로 규모가 크다. 애리조나주의 페이지 계곡과 계곡 사이를 막아서 만들었다. 1956년에 건설을 시작해서 10년 만에 완공되었다. 담수를 시작해서 발전이 가능한 수위까지 채워지는 데 13년이나 걸렸단다. 미국에서는 후버 댐에 이어 두 번째로 큰 호수가 만들어졌다. 흥미로운 것은 콜로라도의 강 줄기에는 글

— 홀스슈 밴드

렌 캐니언 댐을 포함해서 16개의 댐이 건설되어 있다는 사실이다. 뷰포인트인 방문자 센터에서 조망을 즐기고 사진을 찍는 것으로 만족하고, 다리를 건너보는 건 생략했다.

홀스슈 밴드 - 자연이 빚은 위대한 예술작품

글렌 캐니언 댐에서 차로 15분 정도 달려서 홀스슈 밴드(Horseshoe Bend)로 갔다. 홀스슈 밴드는 말발굽 모양의 협곡이다. 글렌 캐니언

댐과 파웰 호수 근처에 있다. 높은 전망대에서 270도 각도로 U자형 말발굽처럼 휘어지는 모습을 볼 수 있다. 글랜 캐니언 댐이 인간이 만든 위대한 구조물이라면, 홀스슈 밴드는 자연이 빚은 위대한 예술작품이다.

주차장에 차를 대고(주차비 10달러. 일출부터 일몰 시까지) 붉은 사막 지형의 비포장길을 2.2km 정도 걸어야 하는데, 오르막 내리막이 없어서 걷기는 편하다. 그러나 햇살이 따갑고 그늘이 없다. 물을 챙기지 않고 가벼운 마음으로 나섰더니 금세 힘이 들었다. 체력이 급하게 저하되며 저혈당 증세가 나타나서 내겐 편한 길이 아니었다. 주머니를 뒤져보니 사탕이 손에 잡혔다. 응급 시에 쓰려고 넣어뒀던 사탕이 나를 멈추지 않고 걷게 해주었지만 입에서는 단내가 났다.

기운을 차려 전망대에 도착해서 수직 절벽 300m 위에서 내려다보는 홀스슈 밴드와 콜로라도강은 장관이었다. 강렬한 녹색을 띤 홀스슈 밴드는 신비한 느낌을 주었다. 오전에는 해가 산에 가려져서 사진을 찍으면 그림자가 진하게 나와 멋진 사진을 건질 수가 없다. 오후 특히 석양에 비치는 홀스슈 밴드는 환상적으로 예쁘다.

오늘 새삼 미국의 광활함과 스케일에 압도당하며, 자연 풍경만으로 관광객이 넘쳐나는 복 받은 땅임을 실감했다.

비가 쏟아지는 그랜드 캐니언

마더 포인트를 걷다

미국 온 지 열흘째고 캠핑카로 여행을 시작한 지는 일주일째다. 계획한 대로 일정이 진행된 날은 하루도 없지만 시간은 휘리릭 지나갔다. 오늘은 앤텔로프 캐니언(Antelope Canyon)과 그랜드 캐니언을 가기로 했다. 그런데 앤텔로프 캐니언은 미리 예약을 하지 않아 투어에 참가할 수 없어서 건너뛰었다. 당일 예약을 하려고 했으나 오전 오후 모두 매진이었다. 앤텔로프 캐니언은 나바호족이 관리하는 지역이라 개인적으로는 방문할 수 없다. 투어에 참가해 함께 움직여야 한다.

라스베이거스에서 홀스슈 밴드는 차로 약 4~5시간 정도 거리고, 그랜드 캐니언은 약 3시간 거리다. 홀스슈 밴드에서 앤텔로프 캐니언은 15분 정도로 매우 가깝다. 라스베이거스에서 출발하면 이 세 군데를 투어하는 데 16시간 정도 소요된다. 가장 일반적인 코스다.

― 마더 포인트(Mather Point)

앤텔로프 캐니언을 건너뛰는 건 아쉬웠으나, 그렇다고 그랜드 캐니언을 향해 바삐 달려가지도 않았다(앤텔로프 캐니언은 나중에 이쌤과 둘이서 로드 트립할 때 갔다). 아침 먹는 데 한 시간, 월마트에서 물과 생필품 사는 데 한 시간, 주유하고 휴게소에서 한 시간, 점심 준비해서 식사하고 수다까지 또 두 시간.

명소는 안 봐도 되고, 웃고 떠들고 즐거우면 좋다. 힘이 들어도 여유와 느긋함으로 버텼다. 이것도 나쁘지 않다. 사실 내가 가장 힘이 들었고 게으른지라 속으로는 좋아라 했다. 베짱이 여행도 나쁘

— 야바파이 포인트(Yavapai Point)

지 않다. 오늘도 가다가 우삼겹 굽고 커피 마시며 신선놀음을 했다. 가는 내내 나는 차 안에서 아무 생각 없이 그냥 잤다. 중간중간 틈틈이 쉬고 놀며 가니, 마을마다 들리는 역마차 같았다.

 그런데 그랜드 캐니언에 도착하니 비가 쏟아졌다. 사진을 찍으니 선명하지가 않아 맘껏 찍을 수도 없었다. 트레킹을 하기로 했었는데 잠시 그쳤던 비가 갑자기 세게 퍼붓는 바람에 포기했다. 잠깐씩 비가 그친 틈에 마더 포인트 주변을 구경하며 걷는 걸로 만족했다. 광활하고 장엄한 그랜드 캐니언을 제대로 못 봐 못내 아쉬웠다.

대신 오랜만에 일찍 숙소로 돌아왔다. 숙소인 윌리스 게스트하우스는 깨끗해서 만족감이 높았다. 조식 포함 3인에 9만 5천 원 정도니 가격도 저렴한 편이었다.

갈수록 말수가 줄어들다

일반적으로 자동차 여행을 하면 일찍 출발해서 해가 지기 전에 숙소에 도착하는 게 기본이다. 하지만 우리는 늦게 출발해서 밤늦게 숙소에 도착하는 패턴을 반복했다. 개선해보자고 서로 몇 번씩 얘기를 했었지만 바뀌지 않았다. 다들 힘들고 피곤했기 때문이다.

여행을 시작할 때, 중간에 하루씩은 휴식을 갖자고 했었는데 마음이 조급해서 제대로 지키지 못했다. 쉬는 날도 없이 계속 장거리 운행에다가 음식과 잠자리도 시원찮았다. 게다가 세 명 모두 올빼미형이라 늦게 잤다. 취침 시간도 제각각이었다. 하지만 한 방에서 자기 때문에 아침에 한 사람이 깨면 나머지 사람도 저절로 일어났다. 잠이 부족하니 피로가 누적되는 게 당연했다.

그러다 보니 언제부터인가 말수가 줄었다. 휴게소에 내려서도 밥 먹을 때를 빼고는 각자 핸드폰을 들여다보거나 차에서 쉬었다. 여행 초기에는 포토존에서 서로 사진을 찍어주곤 했는데 언제부턴가 각자 셀카만 찍었다. 여행을 시작하고 열흘 정도밖에 안 지났는데 예상보다 빨리 힘들어지는 것 같았다.

— 가성비 좋은 윌리스 게스트하우스
— 윌리스 게스트하우스 옆 기념품점 앞에 전시된 올드 클래식카

여행은 걸으면서 하는 독서다

여기가 달이여?

오늘은 미티어 크레이터 내추럴 랜드마크(Meteor Crater Natural Landmark, 운석 충돌 분화구)와 후버댐을 보고 지난번에 잠만 자고 지나쳐 왔던 라스베이거스로 간다. 오전 10시쯤에 출발해서 라스베이거스 숙소 도착 예정 시간은 밤 10시다.

미티어 크레이터는 애리조나주 북부 사막 지대에서 발견되었다. 약 5만 년 전에 운석이 지구에 충돌하면서 형성된 것으로 추정되는 거대한 분화구이다. 직경이 1,200m 깊이는 약 170m 정도 된다. 지구상에서 가장 잘 보존된 운석 충돌 분화구 중 하나로 인정받고 있다. 이곳이 유명해진 것은 달 탐사선 아폴로 우주인들이 달의 환경과 유사하다는 이유로 표본 채취 훈련을 하는 장소로 이용되었기 때문이다. 야외에는 우주선 모형도 전시해두어 볼거리를 제공한다.

한국인 관광객들은 거의 찾지 않는 곳이다. 가고 오는 데 하루를

— 우주선과 우주인 모형
— 거대한 운석 충돌 분화구

잡아야 하기 때문이다. 하지만 호기심 넘치는 청년 김튜버가 몹시 가보고 싶어 했다. 나 역시 기꺼이 동의했다. 나는 현재 한국항공우주소년단 이사를 맡고 있어 관심이 끌릴 수밖에 없었다. 사진을 많이 찍어서 항공우주소년단 단원들인 영 펠콘 클럽(Young Falcon Club)에 보내줘야겠다는 마음이 컸다. 나름 의미 있는 방문이었다.

계기판에 경고등이 들어오다

이곳을 본 뒤 후버댐으로 가는 길에 휴게소에 차를 세우고 삼겹살을 구워 먹었다. 시간이 오래 소요되었지만 배를 채우니 든든했다. 금강산도 식후경이다! 다음 목적지를 향해 출발했는데 차 상태가 좀 이상한 듯했다.

전날부터 계기판에 경고등이 계속 들어오더니 기름 냄새도 약간 나고, 엔진음이 가래 걸린 듯해 불안했다. 그래도 라스베이거스까지는 갈 수 있을 것 같았다. 살살 가보기로 했는데 타이어 타는

━ 차 안에서 삼겹살 굽기. 엔진오일 보충하기

냄새가 심하게 났다.

　이번에도 수호천사인 신 대표에게 SOS를 날렸다. 역시나 신 대표는 신통방통 여의주를 가지고 있는 듯하다. 엔진오일을 갈고 타이어 공기압을 체크하라고 한다. 휴게소에 들어가 코치받은 대로 조치했더니 엔진 소리도 조용해지고 차체 소음도 확 줄어들었다. 휴~우 안도의 한숨을 내쉬었다.

　싼 게 비지떡이라고 저렴하다고 덥석 이런 캠핑카를 고른 우리도 문제지만, 엔진오일도 보충 안 하고 렌터카 영업을 하다니 황당했다. <u>미국에서 개인이 정비사를 부르면 한 시간에 250달러란다.</u> 후덜덜이다. 휴게소 자동차용품점에서 엔진오일을 사서 직접 보충해주었으니 250달러나 벌었다며 좋아라 했다.

후버댐 야간 관람

　김튜버가 라스베이거스로 돌아가는 길에 후버댐이 있으니 늦더라도 꼭 보고 가자고 제안했다. 검색해보니 라스베이거스에서 48km밖에 안 된다. 역시 오케이다! 후버댐은 워낙 유명하고 교과서에도 실렸었기에 익숙한 곳이다. 이번에 흥미로운 사실을 많이 알게 되었다. 여행은 길 위의 도서관이고 걸으면서 하는 독서라는 말이 맞는 것 같다.

　후버댐은 네바다주와 애리조나주의 경계에 있는 콜로라도강 중류의 그랜드 캐니언 하류인 블랙 캐니언에 건설되었다. 높이

— 야간 조명이 켜진 후버댐의 모습

221m, 길이 411m의 중력식 아치댐이다. 후버댐을 건설하면서 인공호수인 미드호(Lake Mead)가 새로 생겼다. 수원이 되는 콜로라도강은 로키산맥에서부터 캘리포니아만에 걸쳐 2,253km를 흐르면서 미국 서부의 건조한 지역에 물을 공급해준다. 1931년 건설이 시작되어 4년 만에 완공했고 112명의 인부가 목숨을 잃었다. 완공 1년 후 당시로서는 세계 최대의 발전소가 가동되었다. 세계 최대 규모의 전기를 공급할 뿐 아니라 최대의 콘크리트 건축물임을 자랑했다. 지금도 위대한 건축물로 그 명성을 이어가고 있고 미국 내 7

대 현대 건축물 중 하나로 손꼽힌다. 1985년에는 국립사적지로 지정되었다.

후버댐에 도착하니 해가 저물어가서 바쁜 걸음으로 사진을 찍으며 후다닥 구경했다. 지열이 후끈후끈 올라와서 해가 저물어도 33도였다. 야간 조명이 환하게 밝혀진 후버댐을 구경하고 주차장으로 돌아와 간식이라도 먹을까 하고 있는데 관리 차량이 득달같이 달려왔다. 일몰 후에는 관람을 하거나 머물 수 없다면서 바로 나가달란다. 하긴 너무 늦은 시간이라 주차장에 다른 차량도 없고 외져서 약간 으스스했기에 바로 빠져나와서 라스베이거스로 향했다.

라스베이거스에서 달콤한 휴식

라스베이거스에서 전망 타워가 유명하다는 스트라토스피어 라스베이거스 호텔에 도착했다. 호텔비는 120달러인데 주차비는 별도로 하루 30달러란다. 캠핑카는 차고가 높아서 실내 주차장에 들어가지 못해서 길 건너편에 있는 야외 주차장에 주차해야 했다. 차 안의 짐들을 옮기는 일이 꽤나 불편했다.

저녁을 먹으려고 주변 식당을 찾아다니다 밤 12시가 되어버렸다. 대부분 식당이 문을 닫았는데, 다행히 호텔 2층에 맥도날드가 있어 허겁지겁 배를 채웠다. 누가 보면 카지노에서 열심히 땡기다가 야식 먹으러 온 줄 알겠다며 서로 농담을 하며 웃음을 날렸다.

궁금증이 발동한 김튜버가 카지노에 가보고 싶어 했다. 1인당

— 스트라토스피어 호텔

100달러씩 투자해 갬블을 즐기다가 혹시나 결과가 좋으면 똑같이 나누자고 제안하니 셋 다 오케이다. 하지만 너무 늦게 도착해서 피곤한 탓에 카지노는커녕 제대로 씻지도 못한 채 그냥 뻗어버렸다.

야간전투 무용담

다음날은 내 생일이라 먹방으로 신나게 즐겼다. '아아 잊으랴 어찌 우리 이날을~' 6월 25일이다. 점심으로 호텔 레스토랑에서 뉴욕 스테이크를 먹었다. 내가 샀더니 두 사람은 공금으로 먹으면 되지 왜 개인 돈을 내냐며 자꾸 물었다. 그냥 사고 싶어서라고 답했다.

— 라스베이거스 사인보드. 야간전투의 현장, 호텔 카지노

이국 땅에서 생일을 자축하며 멋진 식사를 함께할 수 있는 사람이 있다는 게 기뻤다. 저녁은 공금으로 한국 식당에 가서 냉면, 콩국수, 된장찌개를 먹으면서 행복해했다. 오늘 하루는 먹고 구경하고 놀고 쉬었다. 라스베이거스 포토존인 사인보드 앞에서 인증샷도 찍고 전망대에 올라가 조망을 즐기기도 했다. 낮 기온이 40도를 넘어가니 마치 사우나 스팀박스 안에 있는 것처럼 숨이 턱턱 막혔다. 그래도 꿋꿋하게 유명하다는 포인트는 다 돌아보았으니 장한 베짱이들이다.

호텔로 들어와 휴식을 취한 후 두 사람은 100달러씩 챙겨서 카지노로 야간전투에 나섰다. 난 그냥 죽은 듯 잠에 빠졌다. 한참 뒤 시끄러운 소리에 깼다. 야간전투에서 다 털려 빈손으로 돌아온 두 사람은 뭐가 그리 신이 나는지 깔깔대며 무용담을 늘어놓았다.

그래! 오늘 행복했으면 되는 거다.

캠핑카로 열흘간 4,148km를 달렸다

　캠핑카로 열흘 동안 총 4,148km를 주행했다. 원래 예상 거리는 4,500km였는데, 몇 곳은 생략했다. 한국에서 출발할 때 샌프란시스코를 제외하고는 숙소를 한 곳도 예약하지 않았다. 많은 분들이 그냥 가면 낭패를 본다고 충고와 조언을 아끼지 않았지만, 우리 중 누구도 걱정하는 사람이 없었다. '노마드는 낭만을 먹으며 고생을 친구 삼는 거다'라는 단순한 생각으로 들이댔다. 노마드가 무슨 예약? 진정한 자유여행을 하고 싶어 했다.
　그렇게 캘리포니아주, 네바다주, 유타주, 애리조나주를 누비고 다녔다. 캠핑카가 고장 나 곰이 출몰하는 지역에서 차박을 하면서도 불편해하거나 걱정하지 않고 오히려 특별한 경험을 했다며 즐거워했다. 엔진오일 보충과 타이어압 조정으로 시간을 지체하면서도 신기하고 재미있어 했으니, 초긍적 마인드는 인정해줄 만하다.
　어려울 때마다 요셈투어 신 대표가 큰 도움을 주었다. 감사의 마

― 샌프란시스코 가는 길에 만난 모하비 사막. 사막에 난 도로가 마치 강물 같다.

음으로 광고를 해본다. 샌프란시스코, 요세미티 여행은 '요셈투어'로! (카톡 아이디 yosemtour, 또는 카톡 채널 '요셈투어'로 문의해 주세요.)

참고로 미국 자동차 여행을 하려면 샌프란시스코보다는 로스앤젤레스에서 시작하는 게 훨씬 편리하다. 우리는 저가 항공사가 샌프란시스코 취항 기념으로 티켓을 싸게 푸는 프로모션에 현혹되어 발권했었다. 경험 부족과 판단 미스로 시간과 돈을 길에다 낭비했다. 특히 원점 회귀해서 귀국할 예정이라면 무조건 로스앤젤레스를 출발지로 선택하라고 강추한다.

샌프란시스코 하루 투어

샌프란시스코의 트레이드마크, 금문교

라스베이거스에서 샌프란시스코까지의 거리는 568마일(914km)이다. 서울 부산 왕복 거리 정도 된다. 쉬지 않고 달리면 9시간 정도 걸리는데, 우리는 14시간 걸렸다. 주유 세 번, 식사 두 번, 스타벅스 커피 한 번, 휴게소 두 번, 쉼터 세 번 놀멍쉬멍 갔다.

하루 동안 휴식과 정리를 하고 샌프란시스코 시내 구경을 하기로 했다. 먼저 금문교를 돌아봤다. 금문교는 샌프란시스코의 트레이드마크다. 마치 뉴욕을 상징하는 자유의 여신상과 같은 존재다. 워낙 영화나 드라마에서 많이 등장했기에 친숙하게 느껴졌다. 여긴 빼먹을 수 없다. 꼭 가봐야 한다!

이름이 '골든 게이트 브릿지'라서 황금색을 연상하겠지만 실제로는 오렌지색이다. 케이블이 방사형으로 고정되어 있는 멋진 다리다. 전망대에서 바라보니 금문교와 태평양과 샌프란시스코 시내

— 금문교

가 한눈에 들어온다. 6월인데도 바닷바람이 강하고 차갑다. 탁 트인 태평양을 바라보니 가슴이 뻥 뚫리는 것 같았다.

금문교는 유료 도로인데 톨게이트(요금소)가 보이지 않았다. 차에 하이패스가 있는 건가 하고 살펴봐도 없었다. 나중에 알고 보니 그냥 통과하면 번호판이 찍히고 요금이 청구되어 자동이체되는 시스템이었다. 렌터카 회사에 차를 반납하고 정산할 때 고속도로와 유료 도로 통행료가 보증금에서 빠져나간다.

재미있는 피셔맨스 워프

다시 시내로 들어와 피셔맨스 워프(Fisherman's Wharf)로 갔다. 단어를 직역하면 '어부의 항구'라는 뜻이다. 그중에서도 가장 끝쪽에 있는 피어39는 샌프란시스코 자유여행에서 절대 빼놓을 수 없는 명소다. 입구에 있는 2층 목조건물인 피어39 쇼핑센터에서부터 항구까지 예쁜 카페, 펍, 아이스크림 가게, 기념품점, 레스토랑들이 줄지어 있고 버스킹 공연도 눈길을 끈다. 항구에는 유람선과 낚싯배 그리고 요트들이 가득하다.

알카트라즈섬(Alcatraz Island)으로 가는 유람선 선착장도 있다. 알카트라즈섬은 악명 높은 범죄자들이 수감되는 최악의 교도소였는데, 1963년 폐쇄되었다. 지금은 교도소 내부 탐방객들로 북적인다. 영화 〈더 록〉을 비롯해 여러 영화에 등장했다. 평일인데도 섬을 찾는 관광객이 많았다.

— 피어 39 쇼핑센터. 선창가에서 휴식 중인 바다사자
— 공연하는 사람. 사랑의 자물쇠 거는 곳
— 알카트라즈섬. 항구에 정박 중인 요트

선창가에는 바다사자가 사람들은 아랑곳하지 않고 낮잠을 자거나 헤엄을 치며 놀고 있었다. 바다사자들이 귀여워 보이지만 가까이 가면 목을 빼고 크게 울어서 초행의 구경꾼을 깜짝 놀라게 했다. 바다사자들과 함께 있던 갈매기 떼가 먹이를 주는 구경꾼들을 향해 날아든다.

바다사자를 가장 가까이서 잘 볼 수 있는 뷰포인트는 바다사자센터 바로 앞이다. 대도시에서 이렇게 평화롭고 여유로운 광경을 보다니 놀랍다.

우리는 눈팅만 하면서 사진 찍는 것으로 만족했지만, 이곳에서 크루즈나 낚시를 할 수 있다. 아쿠아리움이나 마담투소(밀랍 인형 박물관)도 방문해볼 만하다. 새우나 게 등 해산물 요리도 유명하다. 재미가 한가득인 곳이다.

최고의 도시가 최악의 도시로

샌프란시스코 하면 먼저 떠오르는 게 금문교와 더불어 언덕길을 천천히 달리는 케이블카다. 우리도 한번 타보기로 했다.

세 명이서 탔는데 티켓을 사지 않았기에 운전기사에게 현금으로 탑승 요금을 냈더니 잔돈이 없다면서 두 번째 정거장에서 그냥 내리란다. 그곳에서 티켓을 살 수 있으니 구매해서 다음 케이블카를 타라고 알려주었다. 감사하다는 인사를 하고 내렸다. 우린 그냥 타보는 게 목적이었기에 티켓을 사지 않고 걸어서 시내 구경을 하

　　샌프란시스코의 명물 케이블카와 노면전차

고 마트에 들러 식품을 사서 숙소로 돌아왔다.

　걸어보니 차를 타고 다닐 때는 보이지 않던 것들이 눈에 들어왔다. 역시 여행은 걸으면서 보고 느끼는 게 가장 좋은 방법이다. 시골 영감이 서울 구경하듯이 어리바리한 표정으로 사진을 찍으며 샌프란시스코를 즐겼다. 걸으면서 샌프란시스코가 언덕의 도시라는 걸 새삼 실감했다.

　그리고 거리에 노숙자들과 약에 취한 사람들이 너무 많아서 놀랐다. 대로에서 실오라기 하나 걸치지 않고 알몸으로 태연하게 걸어가는 남성을 보고는 질겁을 했다. 하지만 현지인들은 아무도 관심을 보이지 않았다. 걷는 모습이 약에 취한 것 같았다. 거리 곳곳에서 몸을 누가 꺾어놓은 듯 이상한 자세로 서 있는 마약 중독자들이 자주 눈에 띄었다.

　원래 샌프란시스코는 히피와 동성애자들의 도시로 유명했다. 지금은 마약과 노숙자와 부랑자의 도시로 바뀌어버렸다. 치안도 매우 나빠졌다. 심지어 300달러 미만의 절도는 신고도 받지 않는다고 한다. 최고의 도시에서 최악의 도시로 추락하는 건 순식간이라는 걸 실감했다.

BMW 탈 팔자네

캠핑카에 대한 환상에서 깨어나다

샌프란시스코 시내에서 한참 떨어진 캠핑카 반납 사무실을 찾아가 열흘 동안 정들었던 캠핑카를 반납했다. 23만km를 달린 낡은 캠핑카였으나 아날로그 감성인 우리한테 그런대로 맞는 차였다.

캠핑카를 계속 오래 탔더니 밤에 자다가 살짝 쥐가 나기도 했다. 장시간 차를 타려면 식사에 신경 쓰고, 휴식과 스트레칭 등을 적절히 해가며 스스로 컨디션을 조절해야 함을 새삼 느꼈다. 여행을 끝까지 잘 마무리하려면 무엇보다도 건강 관리가 첫째다.

캠핑카를 타고 미국 서부 그랜드서클 투어를 무사히 마쳤으나, 기대했던 것과는 많이 달랐다. 우리가 렌트한 캠핑카는 일단 연비가 너무 안 좋았다. 운전하기 불편하고, 두 명이 타기에 적당한 크기라 세 명이 자기엔 너무 비좁았다. 실제로 캠핑카에서 잔 건 두 번뿐이고 나머지는 모텔에서 잤다. 렌트비가 SUV에 비해 많이 비쌌다. 한마디로 가성비가 떨어졌다. 그냥 평생 처음으로 캠핑카 여행을 해본 걸로 만족하기로 했다.

BMW 타고 드라이빙

캠핑카를 반납한 뒤, 앞으로 한 달 동안 탈 SUV를 인수하기 위해 시내에 있는 식스트(Sixt) 렌터카 회사에 갔더니 딴소리를 했다. 우리가 예약한 쉐보레 트래버스가 없단다! 다른 차종이라도 차체가 큰 것으로 대체해달라고 했더니, 우리가 원하는 종류의 차는 다 나가고 없단다. 이거 완전 배째라 장사 아녀? 완전 갑질? 황당했다.

대신 BMW를 보여줬다. 반짝반짝하는 신차다. 어머머니나! 이게 뭣이여~~ 훅 끌렸다. 불만은 감쪽같이 사라졌다. 바로 오케이! 오메, 이런 좋은 차를 막 빌려줘도 되는겨? 우리를 격조 있다고 봐준겨? 저절로 입이 쫘~악 벌어졌다. 하긴 나야 한국에서도 BMW 인생이었다! Bus, Metro, Walking으로 살았으니, 이만하면 BMW 인생 아닌가벼? 한국에서나 미국에서나 BMW로 살 팔자인가 보다.

― BMW SUV

2,300마일(3,700km) 사용한 차인데, 연비도 승차감도 좋다. 인수하고 시내로 나가서, 야타족이라도 된 듯한 기분으로 어깨에 힘을 잔뜩 주었다. 선루프도 열어보려고 했으나 여는 법을

몰라 한참 낑낑거렸다. 에구 쑥스러워라. 여행하면서 처음으로 한국에서 음악을 담아온 USB를 꺼내서 노래를 크게 틀었다. 드라이빙하는 기분을 제대로 만끽했다.

하지만 기분 좋게 모텔로 돌아와서야 큰 문제가 있음을 깨달았다. ==BMW는 트렁크가 작아서 캠핑카에 실었던 캠핑 장비와 짐들을 모두 실을 수가 없다는 사실이었다. 짐들을 이리저리 넣어보고 빼보고 난리를 한바탕 쳤다.== 결론은 캠핑 장비와 취사도구 등 사용 빈도가 적은 물품을 빼낼 수밖에 없다는 거였다.

수호천사, 도와주세요!

이번에도 수호천사인 신 대표에게 도움을 청했다. 신 대표가 빌려준 캠핑 장비를 반납하고, 우리가 새로 구입한 물품들 중에서 침낭같이 자주 쓰지 않는 물품들을 요셈투어의 창고에 맡겨두기로 했다. 창고에 도착하니 밤 10시 반이나 되었는데도, 직원이 나와서 기다리고 있다가 짐을 인수해주었다. 천사 신 대표님! 쌩유! 덕분에 짐들을 좀 여유 있게 정리할 수 있었.

돌아오는 길에 셀프 빨래방을 찾아갔다. 밀린 빨래들을 세탁해서 뽀송뽀송하게 개어서 돌아오니 기분까지 상쾌해졌다. 이제 드라이브 코스로 유명한 해안 1번 국도를 따라서 로스앤젤레스를 향해 떠날 준비 끝이다!

막히면 풀어야지

짜증이 스멀스멀 올라오면

'야자 타임'이란 단어 자체를 처음 듣는 사람도 있을 것 같다. 과자나 음료수 이름이라 생각하는 사람도 있겠지만 아니올시다. 야자 타임은 후배나 부하 혹은 어린 사람이 윗사람에게 말을 놓으며, 하고 싶은 얘기를 쏟아내는 시간이다. 일정한 시간을 정해놓고 한다.

자칫 과열되면 감정이 상할 위험이 있어서, 놀이로 끝내야 효과가 있다. 보통은 수직적인 문화를 가진 조직의 회식 때 이루어진다. 술이 적당히 돌아가고 긴장이 풀어질 때쯤, 평소에 참고 있었던 불평불만을 쏟아내게 한다. 잘 활용하면 약이 되지만, 너무 오버하면 사이가 더 안 좋아져 독이 될 수 있다.

우리도 야자 타임을 가졌다. 술 대신 콜라를 마시고 취한 기분을 냈다. 반말은 사용하지 않았지만 솔직 토크를 했다. 여행을 보름쯤 하다 보면 몸이 피곤해져서 짜증이 스멀스멀 올라올 때가 있다. 긴장감이 풀려서 조심성도 없어지며, 불편한 마음도 생긴다. 대화가 줄어든다. 뭔가 불편한 분위기가 이어진다. 이렇게 소통이 막힐 때 한 번쯤은 풀어주는 게 좋다.

털어내면 개운하다

시작할 때는 좀 어색할 것 같았는데, 웬걸! 폭포수처럼 야자가 터졌다. 말을 돌리지 않고 거침없이 쏟아냈다. 모두가 직설적인 성격이기에 가능했다. 주로 나에 대한 불만이었다. 들어보니 다 맞는 말들이었다.

우리는 자유 여행자다

가고 싶은 곳이 있으면 10시간 달려가서 한 곳에서 하루 종일 있어도 좋다. 큰 행님이 예전엔 안 그랬는데 이번에는 계획대로 가자고 자꾸 쪼아대며 여러 곳을 가보자고 보챈다. 패키지여행 온 게 아니다. 남들이 간다고 따라가는 여행은 싫다. 우리만의 여행을 하자. 계획대로 쫓아다니지 말고, 끌리는 대로 가자.

⋯➔ 맞는 말이다. 이번엔 비싼 돈을 들여서 왔기에 나도 모르게 가성비를 따졌다. 내 욕심이 과했다.

구경하러 온 건지 즐기러 온 건지 모르겠다

구경보다는 함께 어울려서 웃고 떠드는 분위기, 으쌰으쌰 하고 노는 분위기를 원한다. 불편과 고생은 나누어서 즐기면 된다.

⋯ 이것도 맞는 말이다. 깨갱이다.

나도 할 말이 있다. 어떻게 식사가 매일 빈곤 체험이냐?

허구한 날 햇반, 컵밥, 봉지라면, 컵라면, 김치, 달달이커피, 햄버거, 초코파이 같은 것만 먹고 어떻게 버티냐? 과일, 달걀, 채소도 좀 자주 먹자(잡곡밥도 먹자는 말은 차마 못함).

⋯ 우리는 입맛에 맞고 편하다. 넌 알아서 챙겨 먹어라.

⋯ 알았다, 인간들아! 내 껀 내가 챙겨 먹겠다. 꿍시렁꿍시렁~

한참 동안 서로 많은 속마음을 쏟아냈지만 이 정도쯤으로 생략한다. 식당 밖으로 나와 손을 한데 얹어 모았다. '낭만! 베짱이! 베짱이! 파이팅!'을 크게 외치고, 하이 파이브를 했다.

여행할 때 제일 힘든 시간은 바로 소통이 안 될 때다. 털어내고 나니 개운했다. 하늘을 보고, 서로를 보고, 크게 유쾌하게 웃었다. 마음이 한결 가벼워지며 가슴에 얹힌 게 뚫렸다.

낭만 베짱이 가즈아!

로스앤젤레스의 으스스한 첫날 밤

에어비앤비는 결국 포기

삐까뻔쩍한 BMW SUV를 타고 샌프란시스코에서 로스앤젤레스로 출발했다. 381마일(613km) 거리다. 중간중간 풍광이 멋진 곳에 멈춰 구경하고 사진도 찍으며 여유 있게 내려갔다. 로스앤젤레스에 도착해보니, 밤 10시 반이 넘었다. 시내로 들어서자 초입부터 분위기가 요상했다. 미 서부에서 가장 큰 도시인데 가로등이 띄엄띄엄 서 있고 불빛도 희미했다.

보행자는 보이지 않고 인도를 따라 노숙자들의 텐트만 줄지어 있었다. 천막과 천막 사이에 옷가지들과 함께 대형 성조기를 걸어둔 모습이 생경했다. 미국은 노숙자들도 다 애국자들인가 보다. 마치 난민 텐트촌이 세워져 있는 것처럼 보였다.

구글맵을 보면서 예약한 에어비앤비 숙소를 찾아갔다. 그 동네도 어둡기는 마찬가지였다. 번지수를 확인하고 문을 두드려봐도

— 호돌이 분식. 시티 센터 호텔

응답이 없었다. 건물 입구에 서서 드나드는 사람을 붙잡고 물어봐도 모른다는 답변뿐이었다.

   1시간 정도 경과하니 슬슬 불안감이 엄습해왔다. 인적이 끊긴 거리에는 불량해 보이는 젊은이들만 삼삼오오 모여 있었다. 분위기가 으스스했다. 차 안으로 들어가서 문을 잠그고, 에어비앤비 호스트와 계속 통화를 시도했지만 아예 받지를 않았다. 차에서 내려 다시 찾아볼까도 했지만 아무래도 위험할 것 같아 포기했다. 더 이상 시간이 경과하면 안 될 것 같았다. 배도 고프고 무섭기도 해서 일단 밝은 곳을 찾아 이동하기로 했다.

   밤 12시가 넘어 코리아타운으로 가니 갑자기 대명천지에 온 듯이 환했다. 가장 먼저 눈에 띄고 주차장이 널찍한 호돌이(HODORI) 분식 앞에 차를 대고 늦은 저녁을 먹었다. 양이 많았지만 배가 고픈 상태라 허겁지겁 싹싹 비웠다. 꿀맛이었다.

이제 어찌할 것인지 상의를 했다. 원래 예약했던 에어비엔비를 다시 찾아가는 건 포기하기로 했다. 식당에서 서빙하는 한국분에게 근처에 있는 숙소를 추천해달라고 했더니 모르겠단다. 그분이 다른 종업원들에게 물어서 알려주려고 했지만 다들 모르겠다고 했다.

비싼 물가는 없다. 내 지갑이 얇을 뿐이다!

숙박 사이트를 검색해보니 토요일이라 빈방이 별로 없고 가격도 비쌌다. 한참을 뒤지다 멀지 않은 곳에 빈방이 하나 있는 걸 확인하곤 바로 예약하고 찾아갔다. 새벽 2시가 넘어 도착한 데다가 긴장하고 지쳐 녹초가 되어 예정보다 하루를 늘려서 이틀간 쉬기로 하고 짐을 풀었다.

이곳은 평점이 낮은데도 주말이라고 숙박비가 140달러씩이나 했다. 그다음 날은 일요일인데도 113달러였다. 방값에 허리가 휜다. 하지만 미국에 와서 깨달은 것이 있다. 비싼 물가는 없다. 단지 내 지갑이 얇을 뿐이다. '미국 여행했다고 폭망한 사람은 없다. 너무 쫄지 말자!'라고 스스로를 다독였다.

늦게 도착해서 힘들었지만 문제를 잘 해결했다. 어려움은 풀라고 있는 것이다. 고생은 했지만 안전하게 잘 마치면 좋은 여행이다.

천사와 함께한 비치 투어

오늘은 아무 데도 가지 않고 휴식과 충전의 시간을 갖기로 했다. 그런데 오전에 현지 교민인 신샤론 님이 찾아오셨다. 신샤론 님은 페이스북에서 나의 여행기를 보고 응원과 조언을 많이 보내주신 고마운 분이다. 내가 로스앤젤레스에 온 걸 알고 밑반찬을 전해주겠다고 방문한 것이었다.

오늘 스케줄을 묻기에 특별한 게 없다고 했더니 괜찮다면 본인 차로 산타모니카 비치와 말리부 비치 쪽을 구경시켜 주겠단다. 나와 이쌤은 감사해하며 따라나섰다. 김튜버는 숙소에 남아서 그동안 밀린 유튜브 영상을 정리하기로 했다.

신샤론 님은 코리아타운에 있는 유명한 북창동 순두부집에서 맛난 점심을 사주고, 본인의 차를 직접 운전해서 산타모니카 비치와 LA 시내 가이드를 해주었다. 버스킹 공연이 재미있고 수준도 높아 구경하느라 오래 머물렀다.

━ 산타모니카 비치 모습
━ 산타모니카 비치에서 버스킹하는 사람들
━ 말리부 공원과 말리부 비치

신샤론 님은 이왕 온 김에 1번 국도를 따라 자리 잡고 있는 다른 비치들도 다 가보자고 했다. 불감청이나 고소원이다(不敢請固所願), "감히 청하지 못할지언정 진심으로 바라는 바입니다"라는 맹자의 말이 절로 떠올랐다. 전혀 예기치 않게 예쁜 비치를 만나서 즐기는 날이 되었다.

뜻밖의 은인을 만나 비치 투어를 제대로 했다. 신샤론 님 덕분에 로스앤젤레스에 있는 여러 비치의 특성과 매력에 대해 알게 되었다. 산타모니카 비치는 LA를 대표하는 해변으로 자유분방하고 볼거리가 많다. 베니스 비치는 예술적인 분위기와 다양한 문화가 있는 곳이다. 맨해튼 비치는 조용하고 아름다운 풍경으로 유명하다. 말리부 비치는 서핑 명소로 인기가 있다.

다음날, 신샤론 님은 또다시 오셨다. 없어 보이고 몰골이 꾀죄죄한 여행자들을 위해 먹거리를 챙겨온 것이다. 구호품만 전해주고는 훌쩍 가버렸다. 고맙다는 인사도 제대로 못했는데, 차는 벌써 호텔 문을 빠져나가고 있었다. 천사의 선물에 감동받았다. 좋은 인연과 배려에 감사했다.

LA 다사다난 에피소드

매일매일 계획이 널뛰기하거나 막춤을 추다

산타모니카 비치를 못 가본 김튜버를 위해 한 번 더 가려고 했으나 전날 나와 이쌤이 다녀왔으니 굳이 다시 갈 필요 없다는 김튜버의 주장에 따라 산타모니카 비치를 일정에서 뺐다.

그런데 하루를 마치고 보니, 산타모니카 비치에 갔더라면 시간이 모자라서 다른 일정을 제대로 진행할 수 없었겠다는 생각이 들었다. 인터넷 검색을 바탕으로 짠 계획은 실제와 크게 다를 수밖에 없다는 것을 새삼 느꼈다.

유니버설 스튜디오도 뺐다. 이쌤은 예전에 가족들과 함께 온 패키지 여행 때 가봤고, 김튜버는 입장료와 주차비가 비싸다며 안 간단다. 둘이 안 간다고 해서 나도 동의했다. 그리피스 천문대는 시간이 없다며 생략하자고 한다.

아쉬운 게티 센터

신샤론 님이 게티 센터는 꼭 가보라고 추천해주었으나 이쌤과 김튜버는 관심이 없단다. 그리고 제대로 보려면 하루를 잡아야 하는데 시간이 없다며 생략하자고 하니 끝까지 고집을 피울 수가 없었다. 미국 여행에서 가장 후회되는 결정이었다. 미국에 다시 간다면 가장 먼저 게티 센터에 가겠노라 다짐했다. 게티 센터에 관한 자료를 찾아보니 꼭 가봐야겠다는 마음이 더욱 강해졌다.

게티 센터는 시내에서 26km 떨어진 브렌트우드 근처의 성 가브리엘 마운틴 꼭대기에 있는 미술관이다. 시내에서 가까운 곳의 평지에다 지으면 접근성이 좋을 텐데 굳이 멀리 떨어진 높은 곳에다 지은 이유는, 마치 보물을 찾아가듯이 설렘과 기대를 안고 소풍처럼 찾아가는 과정도 즐기라는 뜻이 숨어 있단다.

미국 석유 재벌 폴 게티가 1976년 사망하면서 미술품 수집과 전시에 쓰라고 7억 달러(현재 가치로 환산하면 30조 원이 넘는다)를 재단에 기부 하며 일반에게 무료로 개방하라는 유언을 남겼다고 한다. 여러 시대에 걸친 다양한 작품들을 전시하고 있다. 건축은 '건축계의 노벨상'으로 불리는 프리츠커상 수상자인 리처드 마이어(Richard Meier)가 맡았다. 12년에 걸친 공사 끝에 1997년에 완공했다. 1조 원이 넘는 천문학적인 비용이 투입되었다.

테라스 전망대에서 보면 UCLA 캠퍼스, 항구가 있는 롱비치가 눈에 들어온다. 멀리 다운타운도 보인다. 왼쪽으로는 할리우드와 비벌리힐스가 숨어 있고, 오른쪽으로는 말리부와 산타모니카가 자리 잡고 있다. LA 최고의 뷰 깡패 전망대. 게다가 입장료도 없다. 주차비 25달러만 내면 족하다.

하루 숙박비로 한 끼 갈비 먹기

점심에 갈비를 먹었다. 1인분에 63달러씩이나 한다. 팁을 포함하면 하루 숙박비와 맞먹는다. 원래는 BCD(북창동 순두부)에서 먹기로 했지만…. 우린 남자야 남자~ 통만 큰 상남자야~ 나중에 유튜브로 보면 엄청 부자 여행자로 보일 것 같다.

미국 영화관에서 한국 영화 보기

영화의 도시에 왔으니 영화 한 편은 꼭 보잔다. 좋은 생각이다. 찬성! 영화 제목 두 개를 놓고 고르란다. 〈범죄도시〉, 〈핸섬 가이즈〉. 미국에 왔으니 한국 영화보다는 외국 영화를 보는 게 좋을 것 같아서 〈핸섬 가이즈〉를 보러 갔는데 에그머니나 한국 영화였다. 제목이 영어로 돼 있어서 자세히 알아보지도 않고 외국 영화라고 잘못 이해한 거다. 빵 터졌다. 호러와 코미디를 믹스해놓은 영화. 영화관은 제법 큰데 관람객은 달랑 6명이었다. 헐~ 대박!

한인 상가에 있는 CGV의 예고편도 전부 한국 영화다. 여기가 미국이야? 한국이야?

— 레이크 할리우드 파크에서 바라본 할리우드 사인보드
— 역방향 주차. 벌금 63달러에 수수료가 2달러. 미국 물가 대비 수업료 치곤 약한 편이다.

63달러 벌금 스티커를 받다

할리우드의 사진 스팟인 대형 사인보드를 보러 갔다. 레이크 할리우드 파크는 도로 양쪽에 주차하도록 되어 있었다. 주차할 곳을 찾는데 마침 주행 방향이 아니라 반대 방향에 빈자리가 보였다. 운전자가 잽싸게 한국식으로 차선을 휘리릭~ 가로질러 반대편 주차선에 차를 대는 신박한 운전 솜씨를 발휘했다. 역시 한국인이 운전 하나는 잘해!

사진을 엄청나게 찍어대느라 시간이 많이 소요됐다. 차로 돌아와보니 윈도 브러시(와이퍼)에 사각 봉투가 하나 꽂혀 있다. 이게 뭐이여? 주차위반 벌금 안내서였다. 역방향 주차 좀 했다고 63달러씩이나? 이거 너무 한 거 아닌겨? 뭔 주차위반 딱지를 봉투에까지 넣어서 주는겨? 약 올리는겨? 내라면 내야쥬 뭐~ 늦으면 과태료까지 내야 한다는데 어쩌겠수.

거부된 명품관 아이쇼핑

비벌리힐스를 보고 나서 로데오 거리로 나온 김에 명품관 거리에 가서 아이쇼핑이라도 좀 하자고 했더니, 그런 걸 뭐 하러 보느냐고 하는데 반대의 강도가 제법 쎘다. 알았슈! 슬그머니 꼬리를 내렸다. 비벌리힐스 구경하고 쉑쉑버거 먹은 걸로 만족하기로 했다.

무리하지 말고 중간중간 쉬자

총무(김튜버)가 가게에서 카드를 사용하고 주머니에 넣을 때 흘린 것 같다고 해서, 갔던 곳을 되돌아가서 샅샅이 살펴봤지만 찾을 수가 없었다. 포기하고 카드 분실신고를 했다. 다행히 예비 카드가 있

— 스타별 거리의 화려한 모습. 볼거리가 다양하다.
— 비벌리힐스 공원과 로데오 거리

어서 문제는 없었지만 왠지 찜찜했다.

　여행 시작한 지 20일쯤 되어가니 집중력이 떨어졌다. 이럴 때 조심해야 한다. 중간중간 휴식이 필요하다. 내일 하루는 아무것도 하지 말고, 푸~욱 쉬어야겠다.

메이저리그 직관, 역시 다르네

　막내인 김튜버가 미국에 왔으면 야구는 꼭 봐줘야 한다고 강력히 주장했다. 나도 오케이다. 저녁 식사를 일찍 마치고 메이저리그 야구를 직관하기로 했다. 세 명 티켓을 예매했는데, 이쌤은 여행 와서 무슨 야구 구경이냐면서 빠졌다. 이미 예매한 티켓 중에 한 장은 환불이 안 돼서 안타깝게도 허공에 날려버렸다.
　LA다저스와 애리조나 다이아몬드백스 경기가 열렸다. 박찬호, 최희섭, 서재응, 류현진 선수가 뛰었던 LA다저스는 한국인들에게 친숙한 팀이다. 지금은 한국인 선수는 없고, 일본인 오타니 선수가 맹활약하며 인기를 얻고 있다.
　경기는 익사이팅 그 자체였다. 1회 초 다저스 선공에서부터 점수가 났다. 흥분과 함성이 스타디움을 펄펄 끓게 하고, 계속 엎치락뒤치락하며 손에 땀을 쥐게 했다. 홈런도 빵빵 터졌다. 타격전이라 흥미진진했다. 결국 LA다저스가 6대 5로 승리를 거두니, 난리도

— 경기장 크기는 한국과 비슷한데 주차장이 어마무시하다. 입구부터 차가 엄청나게 밀린다.
— 경기장 내부

 이런 난리가 없었다. 관중들의 함성이 메아리로 울려 퍼졌다.
 한국에서도 미국에서도 내가 야구장만 가면 홈런이 폭죽처럼 터진다! 직관하니 재미가 짜릿짜릿이었다. 앞으로 메이저리그 직관하러 미국행 비행기 타는 거 아닌지 몰라~~

호랑이보다 무섭다는 그분한테 딱 걸렸다

코스를 바꾼 진짜 이유

캘리포니아주의 로스앤젤레스를 떠나, 애리조나주의 투손(Tucson)으로 갔다. 투손은 애리조나주에서 피닉스 다음으로 큰 도시다. 원래 계획은 샌디에이고로 가는 거였지만, 토론을 거쳐 경로를 바꿨다. 미 대륙의 서남쪽 끝 지점인 샌디에이고와 동남쪽 끝 지점인 마이애미는 가지 않기로 결정했다.

그 대신 내가 주장한 내슈빌과 뉴올리언스를 넣었다. 미국에 왔으니 오리지널 컨트리송과 록 뮤직과 재즈를 들어야 마땅하지 아니한가? 아름다운 바다를 양보하고, 대신 영감이 버무려진 미국 음악 공연을 직관하기로 한 것이다.

사실 코스를 바꾼 진짜 이유가 세 가지나 더 있었다.

첫째, 폭염 경보 지역인 남부를 되도록 빨리 벗어나 북부로 가는 게 좋겠다. 애리조나 오늘 기온이 45도다. 완전 미쳤다!

둘째, 예상은 했지만 땅덩어리 사이즈가 커도 너무 커서 구석구석 다 가기에는 시간이 부족하다.

셋째, 무더위 때문에 장시간 운전하기가 힘들다. 체력을 잘 유지해야 하기에.

300달러 벌금 딱지 받아들고 횡설수설

우리는 하루라도 아무 일 없이 그냥 넘어가면 왠지 섭섭한 모양이다. 투손으로 가는 고속도로에서 역시나 일이 벌어졌다. 마침내 호랑이보다도 무섭다는 그분을 만난 것이다.

경찰차가 사이렌을 울리며 따라왔다. 공손하게 갓길에 차를 세웠다. 바짝 쫄았다. 함부로 차에서 내리거나 보관함을 열고 뭔가를 꺼내는 행동을 하면 오해를 받아 총 맞을 수도 있다는 충고가 떠올랐다. 운전대에 손을 얹는 건 기본이지…. 창문을 열고 기다렸다.

시커먼 선글라스를 낀 폼생폼사 스타일의 그분이 빠르게 잉글리시를 쏟아냈다. 귀를 바짝 세우고 집중해서 들어보니, 70마일 구간인데 85마일로 달렸다는 거다.

내가 나서서 맞장구질을 쳐줬다. "그렇군요. 그러면 안 되는 거쥬. 넵넵. 잘못한 거지유." 일단 착하게 보여서 동정심을 유발한 다음에 변명이나 사정을 해보려는 속셈이었다. 하지만 폴리스께서 눈치를 챘는지 말을 중간에서 단호하게 잘라버렸다. 운전면허증, 여권, 차량등록증을 요구했다.

그분이 주고 간 페이퍼. 얼마를 내야 하냐고 물으니 적힌 번호로 문의하란다.

　무뚝뚝한 표정을 풀지 않고 건네준 서류를 받아서 경찰차로 가더니 한참이 지나서 종이 한 장을 가져다줬다. 끽소리도 못하고 얌전하게 받았다. 벌금이 얼마냐고 물었더니 스티커에 적혀 있는 주법원의 번호로 전화해서 직접 알아보란다. 아마도 법정에 출두해야 할 거라고 겁을 바짝 주고 가버렸다.

　"안녕히 가셔유. 수고하셔유~" 하고 인사를 하니, 그분도 속도 잘 지켜서 조심해서 가라고 인사를 건넸다. 운전자가 그분의 뒤통수에다 대고 억울하다는 듯 말했다. "난 앞차의 속도에 맞춰 뒤따라갔을 뿐이란 말이여~ 왜 앞차는 안 잡고 나만 잡는 거야. 이것도 차별 아니야?"

나는 받아든 스티커를 보면서 분위기를 바꿔보려고 엉뚱한 소리를 해댔다. "솜씨 있네, 깔끔하게 작성했구먼~ 아이구나 paper work도 잘하시네. 아주 perfect혀~~"

하지만 레이저 건 측정 기록이 있으니 입이 열 개라도 할 말이 없었다. 인터넷으로 확인해봤더니 15마일(24.1㎞) 과속이면 벌금이 무려 300달러가 넘었다. 날씨도 더운데 정신줄 놓을 것 같았다.

싸해진 분위기를 풀려고 실없는 농담을 날렸다. "까이껏 괜찮아유. 내가 인물이 좋아유? 머리가 좋아유? 인품이 좋아유? 가진 건 돈밖에 없슈, 내면 될 꺼 아뉴. 차 팔고 소 팔아서 왔슈. 미국에서 다 쓰고 갈 꺼유." 내가 중심을 잡지 않으면 분위기가 더 무거워질 것 같았다. 어떻게든 웃어야 하니까. 대범한 척 빨리 잊어버리려고 했지만 속으로는 계속 궁시렁댔다.

미국 가서 과속 딱지 받아보지 못했으면, 미국 자동차 여행 제대로 했다고 말을 하덜덜 말어(넘 억지스럽지만 우겨봄). 피할 수 없으면 즐긴다. 전우애는 온실에서 싹트지 않는다. 위험한 전장에서 강해진다. 오늘 처음으로 해가 있을 때 숙소에 도착했으니, 이것도 기록이다. 내일은 더 나아지리라 믿으며….

(위로 명언)

"고난 없는 여행은 관광이다."

6.5달러의 행복

어제는 45도, 오늘은 40도다. 이쌤이 더위를 먹었는지 머리와 배가 아프다고 했다. 핑계 삼아 투손에서 하루 더 쉬어 가기로 했다. 숙소는 모텔6 체인점이다. 68달러인데 룸 컨디션이 최고다. 수영장까지 있다.

김포한인마켓에 한국 식품을 구입하러 갔다가 지름신이 강림해서 뜬금없이 빨간색 티셔츠를 사 입었다. 가격이 6.5달러니 득템이다. 미국의 비싼 물가를 생각하면 가성비 갑이라는 생각에 기분전환이 되었다. 월마트에 가서는 필요한 생필품들을 샀다. 가는 길에 월마트가 있으면 무조건 들러서 쇼핑을 하는 게 공식처럼 되어버렸다. 옆에 스타벅스가 있어 오랜만에 아이스 아메리카노를 마시니 기분이 짱이었다. 바로 이 맛이야! 4.59달러의 소확행이다.

주유소 가격표를 보니 역대급 최저가다. 1갤런에 3.19달러. 요세미티 이스트 게이트로 나와서 삼거리 첫 주유소는 6.74달러였으니

— 가성비 최고 모텔. 김포한인마켓에서 빨간 티셔츠 득템하고 기분이 업되어 사장님과 동반샷~

반값이다. 가득 채웠다. 미국은 주마다 도시마다 가솔린 가격 차이가 많이 난다. 지금까지 주유한 중에 투손이 가장 쌌다.

숙소로 돌아와 에어컨을 빵빵하게 틀어놓고 늘어져서 피서지 힐링 각으로 즐겼다. 수영을 해볼까 하고 나갔다가 햇살이 너무 뜨거워 되돌아섰다. 해질 무렵에 나가니 수영하기 딱 좋았다. 모처럼 개구리헤엄 좀 쳐봤다. 오메, 좋은 것! 상쾌했다. 저녁은 월마트에서 산 소고기로 단백질을 보충했다. 속도 위반 비싼 딱지값 보충하려면 외식 대신 집밥돌이가 돼야 한다. 그러나 저러나 고기맛은 최고였다! 기분이 좋아져서 식후 2시간 혈당 체크를 하니 118. 로드트립을 시작한 이후 최저 수치였다. 역시 소고기를 먹어줘야 한다.

오늘은 미국 독립기념일이라 해가 지기도 전에 불꽃놀이가 시작되었다. 해가 지자 본격적으로 불꽃이 팡팡 터졌다. 호텔 수영장 의자에 앉아서 멋진 불꽃놀이를 감상했다. 아름다운 밤이었다.

자동차 키 없이 1,400km를 달린 지옥의 랠리

역대급 대형 사고

원래 오늘 가야 할 방향은 동쪽이다. 그런데 북서쪽으로 방향을 급 틀었다. 휴스턴이 아니라 샌프란시스코로 되돌아가기로 했다. 역대급 긴급 상황이 발생했기 때문이다.

그동안 조마조마 아슬아슬한 순간들이 많았지만, 그것은 지나고 보면 다른 여행자들도 흔히 겪을 수 있는 실수고 해프닝이었다. 그때마다 웃으며 잘 처리하고 넘겼다. 오늘 벌어진 상황은 급이 완전 달랐다. 역대급 대형 사고를 친 것이다.

모텔을 출발해서 차가 고속도로에 들어섰을 때, 운전 당번이 갑자기 외마디 비명을 질렀다. 백미러를 통해 우리 차의 지붕에서 뭔가가 도로 위로 떨어지면서 박살이 나는 것을 봤다는 것이다. 출발하기 전에 차 키를 지붕 위에 놓아둔 걸 깜빡했단다.

그러면 떨어져 박살 난 것이 우리의 애마 BMW의 키라는 것이라구? 라구? 오 마이 갓! 비싸다고 소문만 들었던 그 BMW 스마트 키를 어쨌다라구? 흑흑.

급하게 차를 갓길에 세웠다. 차들이 쌩쌩 달리는 고속도로에서 차 키의 흔적은 찾을 수도 없다. 다행히 키가 없어도 일단 걸린 시동은 꺼지지 않는다. 사람이 문을 닫고 내려야만 꺼진다.

일은 터졌다. 수습을 잘해야 한다. 심호흡을 크게 하고 마음을 진정시켰다. 우선 투손에 있는 BMW 서비스센터로 가서 키를 만들 수 있는지 알아보기로 했다. 하지만 렌터카이기 때문에 운전자에게 키를 만들어줄 수 없다고 했다. 샌프란시스코의 식스트 렌터카 대리점과 콜센터에 전화를 걸어서 도움을 요청했지만, 식스트에서도 BMW 서비스센터에서 키를 만들도록 승인할 수가 없단다.

자기들이 서비스팀을 보낼 수 있는데, 2~3일 걸릴 거란다. 무슨 귀신 씨나락 까먹는 소리? 그럼 출장비는 누가 내는데? 2~3일을

━ 투손 BMW 서비스센터. 식스트 렌터카 피닉스 공항점

어떻게 기다리며, 키 값도 장난이 아닐 텐데…. 나중에 정산할 때 보니 이건 보험 처리가 되긴 했지만, 그때는 확실히 몰라서 땅 꺼지게 걱정을 했다.

이 방법은 아닌 것 같아 되돌아나왔다. 검색해보니 애리조나주 피닉스 공항에 식스트 렌터카 대리점이 있었다. 혹시 방법이 있을지 모른다는 실낱같은 희망을 안고 그곳으로 달려갔다. 담당자와 매니저가 적극적으로 협조해주었지만 뾰족한 수는 없었다. 원하면 다른 차로 대차해주겠다지만, 문제는 차 반납지가 피닉스라는 거였다. 그리고 키 분실 차량은 샌프란시스코로 이송하는 비용을 내야 한단다.

꿩 대신 닭? 아니 닭 대신 꿩 잡은거!

이건 아니지… 포기다!

차 시동이 꺼지지 않도록 계속 달려서 샌프란시스코로 가서 해결할 수밖에 없다. 다들 찬성이다. 900마일(1,400km)을 쉬지 않고 가면 13시간이 소요된다. 중간에 식사, 주유, 화장실 이용 시간 등을 포함하면 16시간 이상 걸린다. 엔진을 한 번이라도 끄면 차는 stop, 죽음이다! 지옥의 랠리를 시작했다.

점심은 버거킹 햄버거로 때우고 저녁은 야심한 밤에 피크닉장이 있는 휴게소에서 라면과 컵밥을 끓여서 먹으며 전날 사둔 차돌박이를 구웠다. 이 와중에도 맛나다니? 어떤 상황에서도 고기는 옳

— 키 없이도 달리는 자동차. 멈추지 않는 엔진이다.
— 심야에 휴게소에서 구워 먹은 차돌박이. 마치 캠핑장에 온 듯했다. 배가 고프니 꿀맛이었다.

다! 포식까지 해가며….

 식사를 하거나 주유를 하거나 화장실에 갈 때는 혹시 문이 닫혀서 엔진이 꺼질까 걱정이 돼서 한 명이 남아 문을 붙잡고 서서 기다렸다.

 주유는 세 번을 했다. 샌프란시스코에 도착하니 새벽 6시. 환하

― 서부시대 역마차 분위기의 버거킹

게 아침이 밝아왔다. 드디어 해낸 것이다. 식스트 업무 시작 시간은 아침 8시. 근처 주유소의 공터에 차를 세우고, 끝까지 시동 사수하며 렌트카 회사의 문이 열리기를 기다렸다. 긴장이 풀리고 졸음이 밀려와 자다 깨다 쪽잠을 반복했다.

화장실에 가려고 차에서 내렸는데 분위기가 스산했다. 여기저기 노숙자들이 보였다. '뭐 하러 온겨?' 하는 뜨악한 표정으로 나를 쳐다봤다. 앗 뜨거워라! 화장실을 포기하고 재빨리 차에 올라타 잠금 버튼을 눌렀다. 혹시 좀비처럼 쫓아와 창문을 두드리는 건 아니겠지 싶어 바짝 긴장해서 차창 너머로 노숙자들을 엿봤다. 아무 일 없었던 것처럼 편안하게 취침 중이었다.

#닭 대신 꿩 잡았네

8시, 사무실 불이 켜지자마자 쏜살같이 들어갔다.

"Welcome back!"

직원이 마치 나를 알고 있기라도 한 듯 반갑게 인사를 던졌다. 알고 보니 차를 반납하러 온 줄 알고 하는 의례적인 인사였다.

"Sorry! Sorry! 잠깐 기다려줘. 화장실부터 다녀와서 용건을 이야기할게."

화장실로 달려가 급한 볼일을 마치고 눈곱도 떼고 얼굴에 물도 찍어 발랐다. 매너 짱이다.

카운터로 가서 상황을 설명하니 전혀 놀라지도 않고, 다른 질문도 없었다. 매우 쿨했다. 바로 다른 차로 바꿔주겠단다. 딱 한 가지만 물었다.

"키를 잃어버렸는데 어떻게 시동을 걸고 왔지?"

답변하기가 난해했다. 이럴 때 대처법은 간단하다. 영어를 잘 못 알아듣는 척하면 된다.

"어버버버… 어버버버…"

잘생긴 흑인 아재는 긴말을 하지 않고 요점만 짧게 얘기했다. 난 이런 스타일을 좋아한다.

"BMW에서 짐 빼고 20분만 기다리게나. 짐이 많던데 큰 차로 배정해줄게. 방금 반납 들어온 차가 있는데 너네한테 딱이야. 바로 출발할 수 있게 금세 세차한 뒤 키 넘겨줄게. 다시는 이런 실수하지 마시게."

— 새로 바꾼 크라이슬러 퍼시픽

"오케바리!"

"그런데 키 값은 얼마? 보험은 안 돼?"

"그건 우리도 몰라. 나중에 회사에서 통보해줄 거야."

세차를 마친 차가 주차장으로 들어왔다. 오잉! 이거 뭡니? 크라이슬러 7인승 밴 아녀?

요리조리 차를 살폈다. 직원이 우리의 놀라는 표정을 지켜보고 있다가 다가왔다. 두 번째 열의 의자를 접었다. 아하! 뒤로 젖혀서 눕히는겨? 그쯤이야 나도 알지.

그런데 그게 아니다. 버튼을 누르니 의자가 접히고 바닥이 열리며, 차 바닥 아래로 의자 두 개가 쏙 들어갔다. 널찍한 공간이 생겼다. 워매! 신기한 것, 마술이넹! 서울 구경 처음하는 촌놈들처럼 감탄사를 쏟아냈다. 좋아 좋아! 아주 좋아!

지난번 차는 BMW 4인승 SUV였는데 안락하긴 했지만, 우리 짐이 많아서 공간에 여유가 없었다. 새로 바꾼 크라이슬러 퍼시픽은 짐을 대충 실어도 공간이 넉넉했다. 입이 쫙 벌어졌다. 가성비 짱! 전화위복이여! 꿩 대신 닭, 아니 닭 대신 꿩 잡은거!

세 사람 모두 초긍정 마인드라서 해낼 수 있었다. 어차피 벌어진 일은 불평하기보다는 즐기는 게 현명하다. 연속된 사건 사고에도 불구하고, 우리는 더 강해지고 단단하게 뭉쳤다. 더 많이 웃고 떠들고 농담하면서 화기애애까지.

어떤 시련이나 문제도 다 해결할 수 있다는 자신감을 실제 경험을 통해 터득했다. 엔진을 한 번도 *끄지* 않고 1,400km를 겁 없이 달려온 것은 모두가 한마음으로 뭉쳤기에 가능한 일이었으므로 뿌듯했다. 어려운 돌발 상황이 오히려 최고의 추억으로 남았다.

━ 주유소에서 만난 거대한 캠핑카

루트를 완전히 역방향으로 바꾸다

출발하기 전에 두 가지를 상의했다. 지난번에 바꾼 코스대로 남쪽으로 다시 내려가서 동쪽으로 갈 것인지? 아니면 계획을 바꿔서 정반대로 북쪽으로 올라가서, 동쪽으로 갈 것인지?

바로 의견 일치를 보았다. 지금 남쪽은 살인적으로 더워서 여행하기 너무 힘들고, 왔던 길을 다시 돌아가는 것보다는 반대 방향인 북동 루트를 가는 게 좋겠다! 원점 회귀해서 샌프란시스코로 돌아올 때 들르려고 했던 아이다호, 옐로스톤, 버팔로, 나이아가라, 메인주, 뉴욕, 워싱턴순으로 가기로 했다.

루트가 완전히 역으로 바뀌면서 로드 트립이 자동차 유랑이 되어버렸다. 계획에 얽매이지 않고 상황 변화에 따라 유연하게 대처하는 게 슬기로운 여행이다. 이 또한 인연이 이끄는 것이라고 자기 최면을 걸었다. 샌프란시스코에서 옐로스톤까지는 940마일(1,512km)이다. 또 한 번 장거리 주행에 도전했다.

— 북동 루트로 출발!
— 윈네무카에서 묵은 숙소

"너무 힘들었으니 하루 쉬었다 갈까? 바로 출발할까?"

만장일치로 바로 출발 Okay! 하루에 940마일을 달려 옐로스톤까지 가는 건 불가능하기에 네바다주 윈네무카(Winnemucca)에서 쉬어 가기로 했다. 90달러 숙소를 예약했는데 방 컨디션이 제법 괜찮았다. 오랜만에 푹신한 침대에서 편히 잠들었다.

월마트 주차장에서 스텔스 차박

오늘은 아이다호의 렉스버그 월마트 주차장에서 차박을 했다. 이쌤과 김튜버가 해보자고 해서 나도 동의했다. 클라이슬러 퍼시픽은 7인승 밴이라 공간에 여유가 있긴 하지만 차박을 하기엔 좀 불편할 것 같았다. 그래서 직접 확인도 할 겸 계획에 없던 걸 시도해보기로 했다.

월마트는 영업이 끝나도 주차장은 개방을 하기 때문에 가능할 거라 생각했다. 밤이 깊어지자 주차장에 인적이 끊겼다. 야외 화장실도 없고 주유소에 붙은 편의점도 문을 닫아서 가로등만 외롭게 지키고 있다. 순찰 도는 경비원도 없다. 미국이 무서운 땅이라는데 혹시라도 총 든 강도라도 나타나면 어쩌나 하고 은근 걱정이 됐다. 어차피 고달픔을 각오하긴 했지만 으스스한 느낌이 들어 쉽게 잠이 들지 못했다. 주차장 차박은 딱 한 번 경험한 것으로 족할 것 같다.

삭신이 저리지만 내색은 못하고 돌아가신 아버지한테 꼰질렀다.

— 차박을 한 월마트

"아부지요 오늘은 쬐께 몸땡이가 힘드네요."

"그러게 먹는 것과 자는 데 쪼잔하게 돈 아끼지 말라고 했잖니!"

"그런 게 아니고요. 아그들이 한번 경험해보고 싶다고 해서 그냥 따라 준 거예요."

"넌 따박따박 말대꾸하는 건 여전하구나. 시키는 대로 혀!"

"따식이 오랜만에 맥주를 짝으로 갖다 놓고 기분 좋게 낮술 마시는데 불러내서 찌질한 야그나 하고 말이야."

"에구~ 돌아가실 때도 밤새도록 맥주 드시다가 떠나시더니 여전하시네요. 나이스 드링크하세요."

몽롱했다. 잠을 깨려고 구석진 곳을 찾아가서 체조 한번 하고 나니 몸이 좀 풀리는 것 같았다.

곰 퇴치 스프레이 들고 옐로스톤 하이킹

오랜만에 제대로 걷다

김튜버가 옐로스톤 가는 길에 주유소 마트에 가서 곰 퇴치 스프레이를 꼭 사야 한단다. 가격이 무려 50달러. 7월 6일 샌프란시스코를 출발해서 7월 8일 옐로스톤 도착! 이틀 정도 소요됐지만, 이젠 계속 차를 타고 이동하는 데 익숙해졌다.

옐로스톤은 와이오밍주, 몬태나주, 아이다호주에 걸쳐 있는 거대한 국립공원이다. 세계 최초이자 미국 최초의 국립공원이었고, 1978년 유네스코 세계 유산에 등재되었다. 면적이 서울시의 15배 정도이고, 충청남도보다 더 크다.

유황 성분 때문에 주변의 돌들이 노란색이라서 'Yellow Stone'이라 부른다. 워낙 유명하기도 하지만, 위치상 가기가 힘들고 숙소도 다른 지역보다 비싸다. 공원 전체를 돌아보려면 3일 정도 소요된다. 오고 가는 시간이 많이 소요되기에 시간이 넉넉하지 않은 자

— 옐로스톤

<u>유여행자들은 찾아가기도 오래 머물기도 쉽지 않은 곳이다.</u>

우리는 하이킹에 중점을 두기로 했다. 서부 쪽의 국립공원을 갔을 때는 날씨가 좋지 않거나 시간에 쫓겨 하이킹을 제대로 하지 못했다. 그래서 오늘은 하이킹의 날로 잡았다.

하이킹 전에 곰 퇴치 스프레이가 어떤 건지 궁금하기도 하고 사용법도 확인해봐야 할 것 같아서 인적 없는 곳에 가서 한번 뿌려봤다. 대학 시

― 하이킹하는 길

절 데모할 때 눈물 콧물 쏟으며 고통스러웠던 강렬한 최루탄 맛이랑 똑같았다. 준비는 단단히 했지만 하이킹하는 동안 곰은커녕 곰 발자국도 구경을 못했다. 아, 아까워라 50달러. 미국에 있는 동안 호신용으로 사용해야 하나? 김튜버는 겨자 가스를 다 쏟아내고 빈 통을 기념으로 한국에 가져가겠단다. 빵 터졌다. 기발하다. 도저히 따라갈 수 없는 발상이다.

호수까지 4시간을 걸어서 다녀오니 25,000걸음이었다. 매일 차를 타고 이동하느라 하루 평균 5,000보 정도밖에 걷지 못했는데, 오랜만에 피톤치드를 흡입하며 제대로 걸었다. 피곤하기는커녕 가뿐하게 몸이 풀리면서 상쾌해졌다. 아직까지는 멘털이나 몸이 그럭저럭 잘 버텨주니 다행이었다.

— 와이오밍주의 코디에 있는 위그맨 모텔
— 라이더들은 달릴 때 보면 다들 젊어 보이는데, 모텔에서 평상복 차림의 모습을 보니 대부분 나이가 많아서 놀랐다.

점점 더 단순해지기

저녁 늦게 와이오밍주의 코디에 도착해서 숙소로 갔다. 중국인이 운영하는 작은 모텔인데, 매우 친절하고 깨끗해서 만족스러웠다. 가격은 140달러. 주변의 다른 곳보다는 저렴한 편이었다.

전날 차박을 하고 오늘 트레킹을 했더니 몸이 무거웠다. 밤 11시에 고기를 구워서 저녁을 먹었다. 샤워를 하고 침대에 눕자마자 한 번도 깨지 않고 꿀잠을 잤다. 잘 먹고, 잘 자고, 아픈 곳 없이 신났으면 그게 행복이구먼. 난 점점 더 단순해지고 있었다.

— 끝이 보이지 않는 거대한 농장과 스프링클러
— 동서 횡단 열차

1 미친 여행 —— 137

왜 남의 나라 국가에 감동 먹냐고!

빌어먹을 러시모어

옐로스톤을 출발해서 러시모어산 국립공원을 향해 9시간을 달렸다. 하루 종일 걸린 셈이다. 정식 명칭은 러시모어산 국립기념공원(Mount Rushmore National Memorial)이다. 사우스다코타주에 있다. 바위산에 미국의 위대한 대통령으로 꼽히는 조지 워싱턴, 토머스 제퍼슨, 시어도어 루스벨트, 에이브러햄 링컨의 얼굴이 새겨져 있다. 세계 최대의 조각품으로 유명하다.

러시모어 바위산, 자유의 여신상, 할리우드 사인보드를 미국의 3대 랜드마크로 꼽는다. 자연의 장엄함과 인간의 집념이 어우러진 대담한 걸작품이다. 미국 역사의 빛나는 페이지들이 상징적으로 담겨 있다.

대역사를 시작한 건 변호사이자 광산업자인 러시모어다. 주민들은 그를 천재 아니면 '빌어먹을 러시모어'라고 불렀다. 그 빌어

— 바위산에 새겨진 네 명의 위대한 대통령

먹을 러시모어가 기념 공원의 명칭이 됐다. 직접 보니 그 말이 이해가 됐다. 진짜 빌어먹을 러시모어네. 어떻게 저렇게 험하고 거대한 산 하나를 통째로 깎아서 조각할 생각을 했을까?

이곳에 도착하니 저녁 8시 20분. 일몰 직전이었다. 점등 세리머니 시간에 딱 맞추어 도착한 것이다. 해가 지면 관객들은 바위산을 향해 놓인 의자에 앉아 행사를 기다린다. 행사가 시작되면 내레이터가 러시모어산에 대해 설명한 뒤 네 명의 위대한 대통령의 빛나는 업적을 소개한다.

이어서 14년간의 조각 과정을 기록한 흑백 영화가 상영된 후, 조

— '내 돈 내 산'으로 정신교육 받는 나라

각상에 라이트를 비추면 관중들의 우레 같은 박수와 함성이 터진다. 나도 얼떨결에 박수를 따라 쳤다.

 마지막으로 미국 국가가 울려 퍼지면 관객들은 기립하여 가슴에 손을 얹고 국가를 함께 부른다. 깜깜한 밤중에 울려 퍼지는 'The Star-Spangled Banner'는 감동적일 수밖에 없다. 길고 긴 박수를 쳐대며 자리를 뜰 줄 몰랐다. 감동의 회오리 속에 파묻혀 있으니 미국 시민도 아닌 나도 왠지 코끝이 찡해왔다.

 아하! 미국은 시민들이 스스로 돈 내고 와서, 자부심을 느끼면서 저절로 애국심을 고취하는 정신교육 받고 가는 나라구나라는 느낌이 들었다. 미국은 군대에서도 정신교육이 따로 없다. 강제 주입식 교육에 익숙한 내겐 신선함으로 다가왔다.

미국은 영화나 애니메이션이나 게임을 즐기면서 자연스럽게 조국을 사랑하고 지켜야 한다는 결의를 다지게 한다. 우리보다 한 수 위다. 부럽다. 우리처럼 엔딩 자막이 끝나기도 전에 서둘러 일어나는 사람이 없다. 감동을 끝까지 제대로 음미하는 사람들의 여유가 느껴졌다. 멋지다.

가성비 짱 숙소

가까운 거리에 있는 러시모어 익스프레스 인 앤 패밀리 스위트(Rushmore Express Inn & Family Suites)에 밤 10시 반이 넘어 도착했다. 125달러짜리 숙소다. 전자레인지, 냉장고, 식탁까지 갖추어져 있었다. 넓고 깨끗하며 조식 포함이라서 가성비 짱이었다.

늦은 저녁을 간단히 먹으려 했지만, 이왕 늦은 거 마음을 바꿔 고기까지 구워 먹었다. 점점 고기쟁이가 되어가고 있었다.

— 러시모어 익스프레스 인 앤 패밀리 스위트

세상에 없는 여행

2박 3일간 달리고 또 달리기

오늘은 러시모어에서 블루어스(Blue Earth)까지 500마일(800km)을 달려간다. 월마트에 들러서 먹거리들을 살 때 말고는 하루 종일 달리기만 했다. 내일은 블루어스에서 일리노이주의 시카고까지 460마일(736km)을 갈 계획이다. 그다음 날은 시카고에서 나이아가라 폭포까지 540마일(860km)을 달려가야 한다.

오로지 나이아가라 폭포를 가기 위해서 2박 3일 동안 달리고 또 달린다. 로드 트립이라기보다는 자동차 랠리(장거리 구간에서 낮밤 구별 없이 주행하는 자동차 경주)에 참가한 선수 같다는 생각이 들었다.

땅덩어리가 넓다는 건 알았지만 실제로 다녀보니 상상초월이었다. 미친 대륙의 스케일에 점점 뒷심이 딸렸다. 30대, 60대와 함께 하지 않았다면 지금의 절반도 오지 못했을 거라는 생각이 들었다. 감사할 따름이었다.

— 소들을 돌보고 있는 카우보이
— 계속 90번 도로를 타고 달린다. 단조롭다.

─ 1880년대 기차역 박물관. 주유소에 뜬금없는 염소. 기계에 25센트를 넣으면 사료가 나온다. 염소는 인심 좋은 물주를 기다리는 중이다.

두 번째 야자 타임

전날 밤 12시에 심야 고기를 구워 먹고 힘이 뻗쳤나? 새벽 3시까지 심야 토론을 했다. 두 번째 야자 타임을 가진 것이다. 사소한 의견 차이로 시작되었는데 참 많은 얘기들이 오갔다.

3학년, 6학년, 7학년이 함께하는 여행인데 어떻게 생각이 똑같고, 충돌이 없고, 고충이 없겠는가. 문제나 어려움이 없다면 거짓말이다. 오히려 이상한 것이다. 천방지축, 좌충우돌, 예측불허, 울퉁불퉁, 우당탕탕, 사고 연발인 여행을 하고 있으니 별일이 다 생긴다.

"최악의 상황"이라는 말까지 나오고, "여행이 너무 힘들어 돌아가고 싶다"는 말도 나왔다. 곪은 건 터트려야 한다. 이명래 고약 붙여주고 호호 쎄쎄 불어줘야 낫는다. 쌓인 건 그때그때 바로 풀어야 병이 낫는다.

— 미네소타주 블루어스의 패밀리 슈트 인 모텔. 숙박비는 99달러. 작지만 실내 수영장도 있다.

시작할 때는 불평불만을 하면서 서로의 탓을 했지만, 실컷 쏟아낸 다음에는 자기반성으로 끝맺음을 했다. 문제를 아는 사람은 해결 방법도 안다. 늦은 밤이라 목소리를 낮추어 조근조근 얘기해가며 점차 이견이 줄어들었다. 이어서 각자의 살아온 얘기들을 하다 보니, 점점 서로를 깊게 알아가면서 이해하게 되었다. 무려 반전을 이루어냈다.

"우리는 지금 세상에 없는 여행을 하고 있다. 우리의 케미는 어벤저스급이다. 이대로 좌아악~ 가즈아!"

세 사람의 생각은 달라도 모두가 긍정 마인드를 가지고 있었기에, 어려운 순간을 잘 넘기고 여기까지 무사히 왔다. 우리는 지금 세상에 없는 특별한 여행을 하고 있다고 서로 공감했다.

"어느 누가 우리 같은 여행을 할 수 있겠느냐? 어느 누가 우리 같은 추억을 만들 수 있냐?"라고 말하며 서로를 응원하고 격려해주었다. 그래서인지 오늘은 흰소리와 농담과 폭소가 팝콘처럼 터졌다.

달리고 쉬고를 반복하며 웃음소리가 차 안을 날아다녔다. 음악을 더 크게 틀어놓고 신나게 밟아주었다.

나이아가라 폭포 앞에서 절규?

합리적이고 과학적인 나이 계산법

나이아가라 폭포가 대단하고 멋지다는 건 누구나 아는 사실이다. 인터넷을 검색해보면 찬사가 가득하고, 멋진 사진과 후기가 넘쳐난다. 나까지 거룩한(?) 얘기를 하지 않아도 될 것 같아, 나이아가라에 간다면 도움이 될 만한 실용적인 여행 팁이나 몇 가지 가볍게 풀어본다.

백문이 불여일견이니 꼭 가보시라!

어쩌다 세계 3대 폭포를 모두 가봤다. 남미의 이구아수 폭포, 북미의 나이아가라 폭포, 아프리카의 빅토리아 폭포.

규모의 차이는 있지만 가슴을 뻥 뚫리게 하는 감동은 똑같다. 특히 나이아가라에서는 폭포 앞에서 생쇼를 했기에 더 오래 기억에 남을 것 같다.

'나이야~~가라!' '청춘아 오라!'고 간절한 절규(?) 퍼포먼스를 하며 사진을 찍었다. 사실은 유튜브 찍는 막내가 연출하며 꼬셔서 넘어간 거다!

어쨌든 56세로 젊어졌다. 56세는 낭만 베짱이의 평균 나이이므로, 무척이나 합리적이고 과학적이기까지(?) 한 계산법을 믿기로 했다.

나이아가라 폭포를 제대로 보려면 캐나다 쪽에서

미국 국경을 넘어 캐나다 쪽에서 폭포를 보기 위해 이동했다. 여권을 흘끗 보더니, 질문 몇 가지 하고 간단하게 통과다.

"언제 미국 왔냐? 언제 돌아가나? 캐나다에는 얼마나 있을 거냐? 금지된 약물은 없느냐? 돈은 얼마나 가지고 있냐? 지갑 좀 보자!"

지갑을 꺼내려고 하니 보지도 않고 됐다고 한다.

가라우~~ 한다. 장난치시나?

여권에 스탬프도 안 찍어줬다. 스탬프 받는 거에 진심인 막내가 섭섭해했다.

나이아가라 폭포는 캐나다 쪽으로 가야 위용을 제대로 볼 수 있다. 거대한 물줄기가 쏟아져내리는 웅장한 폭포와 관광 위락 시설, 다운타운과 보트 선착장 등 모든 것이 캐나다 쪽에 몰려 있다.

미국 쪽 나이아가라는 강물을 모아서 캐나다 쪽으로 떨어뜨려 줄 뿐이다. 그러나 한적하고 여유로운 최고의 피크닉 가든이 조성

― 스카이론 전망대

되어 있어서 상업화되어 번잡한 캐나다와는 전혀 다른 매력이 있는 모습이다.

청춘인 막내는 호기심이 부글부글 넘친다. 나는 캐나다 쪽에서 본 다음, 보트를 타고 폭포 가까이 가서 돌아보면 충분하다고 생각했는데, 막내는 달랐다. 온 김에 캐나다 쪽과 미국 쪽 구석구석을 다 가야 한단다. 8시간을 돌아다녔다. 덕분에 구경 잘했고 본전을 뽑은 느낌이다.

일단 스카이론 전망대 올라가서 격조 있게 조망을 해야 한단다. 티켓은 현장 구매 23달러(인터넷 예매 16달러), 보트 현장 구매 33달러

— 나이아가라 폭포 보트 투어

(인터넷 예매 26달러). 주차비는 위치가 좋은 곳 35달러, 좀 먼 곳 20달러. 20달러 주차장을 발견하고 신나서 주차하고 나오다 보니, 그 아래에 15달러 주차장이 보였다. 게다가 블로그를 검색하다 보니 몇 달 전에 와서 10달러에 주차했다는 글이 있었다.

으그그그, 좀 더 찾아봐야 하는 건데. 으그그그, 몇 달 전에 왔어야 하는 건데ㅠㅠ 나도 맞장구를 쳐주었다. 실없는 소리인 줄 알면서도 시답잖은 토킹이 재미나고 즐겁다.

달러? 캐나다달러? 뭐가 이득이지?

다운타운에 가서 점심을 먹고 밥값으로 미국 달러를 냈더니 직원이 잔돈은 캐나다 달러로 주겠단다. 그 말을 듣고서 "아! 여기는 캐나다지. 환율이 미국은 달러당 1,450원, 캐나다는 1,000원. 그러면 캐나다 달러로 받으면 이득 아닌가?" 갑자기 계산이 헷갈려서 서로 버벅거리다 한바탕 웃었다.

돌아오는 길에 한인 마트에 들러서 목살과 삼겹살을 샀는데, 샌프란시스코의 절반 가격이었다. 특히 한국인 주인 마님의 친절한 배려와 응원의 말에 힘이 나며 피로가 확 풀렸다. 이렇게 서로가 주고받는 공감과 응원의 말 한마디가 비타민보다 훨씬 낫다.

나이아가라 폭포는 유명한 관광지라서 숙박비가 엄청났다. 폭포에서 한참 떨어진 곳인데도 162달러였다. 이틀을 묵어야 하는데 너무 비싸서 속이 좀 쓰렸다. 주중에 왔어야 하는데, 어찌구저찌구 하며…. 그나마 폭포가 내려다보이는 호텔보다는 반값이니 감사하기로 했다. 저녁 식사로 목살을 구워 배를 채우고 남자들의 수다를 터트렸다.

아프리카에서 시작된 인연

아름다운 인연

오늘은 메인주의 브런즈윅(Brunswick)으로 간다. 나이아가라에서 900km 거리다. 메인주는 미 대륙의 북동쪽에서도 맨 위쪽에 있고, 캐나다 퀘벡 쪽의 국경과 가깝다. 감자와 사과, 랍스터가 특산물이라고 자랑하는 시골 마을이다.

그곳에 마테오가 산다. 2023년 아프리카 케냐에서 마사이마라 국립공원 사파리를 할 때 같은 팀으로 만나서 알게 된 친구다. 얼굴 전체가 수염으로 덮여 있어서 나이가 많은 줄 알았는데, 알고 보니 54세의 싱글남이었다. 농담을 잘하고 늘 호쾌하고 웃는 모습이 보기 좋았다.

그가 작년에 한국으로 3주 동안 여행을 왔었다. 온다더니 진짜 왔다. 이번에는 케냐에서 함께했던 막내와 내가 그를 만나러 갔다. 여행자의 인연이 아프리카에서 한국, 그리고 미국으로 이어지다니 신기하다.

　2박 3일 동안 마테오의 집에서 보냈다. 그와 함께 시간을 나누며 미국의 시골집 체험을 하고 싶어 뉴욕과 워싱턴 일정을 줄였지만 전혀 아쉽지 않았다. 미국 대도시의 명소는 누구나 갈 수 있다. 하지만 미국인 친구의 시골집에서 소박한 정을 나누며 보내는 경험은 아무나 할 수가 없다. 그래서 그와의 만남은 특별한 추억으로 남았다. 그만큼 감동이 컸기 때문이다. 난 아름다운 인연을 믿는다.

별천지에서 보낸 힐링 타임

　첫날 마테오랑 와인과 맥주를 마시면서 밤늦게까지 많은 이야기를 나누었다. 다음날은 안 깨울 테니 마음껏 실컷 자라고 했다. 긴 여행에 지친 우리를 배려하고 챙겨주는 게 너무 고마웠다.

　모처럼 늘어지게 자고 일어나 느지막하게 브런치를 먹었다. 빵과 감자, 스크램블드에그, 샐러드에다가 향이 좋은 커피와 주스까지 차려서 내왔다. 마테오는 예쁜 전원주택에서 혼자 산다. 우리를 위해 잠자리를 준비해주고 요리를 하고 호숫가 별장으로 나들이하는 것까지 척척 해냈다.

　아침 식사를 마친 뒤 세탁기에 밀린 빨래를 잽싸게 집어넣고 뒤편으로 나가보았다. 작은 공원 정도로 넓은 잔디밭과 텃밭이 있었다. 마테오가 원반던지기 놀이를 하자고 했다. 미국에서는 '디스코 골프'라고 한다. 두 명씩 편을 짜서 1달러 내기를 시작하니 점점 열

— 마테오네 집 전면. 뒷마당에서 즐긴 '디스크 골프'
— 마테오는 요리의 달인이다. 끼니때마다 뚝딱 잘 만들어 내왔다.
— 탑샴 호숫가에 있는 마테오의 별장에서 망중한을 즐겼다.

기가 뜨거워졌다. 은근히 중독성이 있다. 1시간 정도 하고 나니 땀이 제대로 흘렀다. 미국에서는 남녀노소 함께 즐기는 경기이고, 골프처럼 18홀을 갖추고 있는 곳도 있다고 한다.

오후에는 마테오의 차로 탑샴(Topsham) 호숫가 별장으로 갔다. 가는 길에 랍스터와 스테이크용 고기, 숯 등을 샀다. 그런데 커다란 랍스터 네 마리에 49달러. 이 가격 맞는겨?

별장에 도착하자마자 랍스터를 삶고, 스테이크를 굽고…. 이렇게 맛있다니! 미국에서 먹은 음식 중 가장 꿀맛이었다. 어떻게 스테이크가 이렇게 맛이 좋으냐고 물으니, 고기를 굽기 전에 포크로 잘 다져주면 연해져서 맛이 훨씬 좋아진다고 비법을 가르쳐주었다. 저녁을 먹고 나서 혈당을 재보니 신기하게도 127이다. 미국에서 살아야 할까보다.

마테오는 맥주 한 캔을 들고 튜빙 삼매경이다. 물결 흘러가는 대로 둥둥 떠다니는 모습이, 세상에서 가장 여유로운 풍경이다. 투명하게 맑은 호숫물 위에서 나도 어느새 튜브에 몸을 맡기고 무념무상의 무아지경에 빠져들었다.

    수영도 하고, 튜빙도 하고, 물멍도 때리고,
    트레일을 걷고, 석양도 감상하고,
    랍스터와 스테이크도 먹으며
    별천지에서 힐링 타임을 제대로 보냈다.
    무릉도원!

깨진 승용차 창문과 오싹한 동네

 2박 3일이 꿈결처럼 휘리릭 지나갔다. 마테오와 지구별 어디선가 다시 만나자고 다짐하면서 작별의 포옹을 한 뒤 메인주의 브런즈윅에서 뉴욕으로 떠났다(약 550km). 먼저, 시내에 있는 버라이즌 통신사를 찾아갔다. 한 달짜리 유심 사용 기간이 끝나 새로운 유심을 구입했다. 미국 전화번호도 바뀌었다. 데이터 무제한에 요금은 60달러. 처음 미국에 도착해서 티모바일 유심을 사용했는데, 큰 도시에서만 잘 터지고 인적이 드문 시골로 가면 완전 먹통이었다. 미국을 여행할 때는 티모바일보다 버라이즌을 추천한다.

 기름도 가득 채웠다. 캘리포니아보다 훨씬 싸서, 주유할 때마다 돈 버는 느낌이다. 미국은 대체로 동부가 서부보다 물가가 싸다.

 뉴욕에 도착하니 깜깜한 밤중이었다. 아는 분들이 숙소를 뉴저지나 플러싱에 예약하라고 했지만, 우리는 지하철역이 가깝고 초저가인 브루클린 근처의 호스텔을 선택했다. 검색한 중에 가장 착

— 붉게 물든 아름다운 뉴욕 저녁 하늘

한 가격인 140달러(침대 3개)였다.

그런데 어두운 골목에 들어서니 분위기가 왠지 서늘했다. 좁은 도로 양편의 주차 구역은 다 차 있었다. 다른 주차 구역을 찾아야 했다. 노란 선이 그어진 곳은 주차 불가란다. 소화전 양쪽으로 1.5m 이내도 주차 불가, 인도에서 바퀴를 30cm 이상 떨어지게 세워도 안 된다, 일주일에 두 번 청소차가 운용되는 시간에는 차를 빼줘야 하는 등 뉴욕에서는 주차가 제일 힘든 일임을 새삼 느꼈다. 벌금까지 어마무시하니 주차 때문에 머리가 아팠다.

주차할 곳을 찾아 멀리까지 헤매고 다녔지만 마땅한 자리가 없었다. 다시 돌아와서 보니 호스텔 건너편에 공간이 있는 게 눈에 띄었다. 잽싸게 가보니, 에구머니나! 텅 빈 이유가 있었네.

창문이 깨진 낡은 승용차가 한 대 주차되어 있었고, 그 차 앞뒤로는 차가 한 대도 없었다. 안 되겠다 싶어서 다른 곳을 찾느라 다시 한참 동안 주변을 빙빙 돌아다녀봤지만 빈자리가 없었다. 시간이 많이 소요되어 배도 고프고 피곤해져서 어쩔 수 없이 운에 맡기기로 했다. 복불복이다. 유리창이 깨져 있는 승용차 뒤에 바짝 붙여서 주차했다.

주차 스트레스가 너무 커서 2박 하기로 한 것을 1박만 하기로 했다. 다행히 환불 수수료 없이 취소해준다기에 바로 1박을 취소하고 다른 숙소를 예약했다. 그래도 계속 주차해둔 차량이 걱정되었다. '교대로 불침번을 서야 하나?' 동네 분위기가 오싹해서 그것도 안 되겠다 싶었다. 에라 모르겠다. 대충 늦은 저녁을 먹고 이불을 뒤집어쓰고 속으로 외쳤다. 하쿠나 마타타! (Don't worry, Be happy)

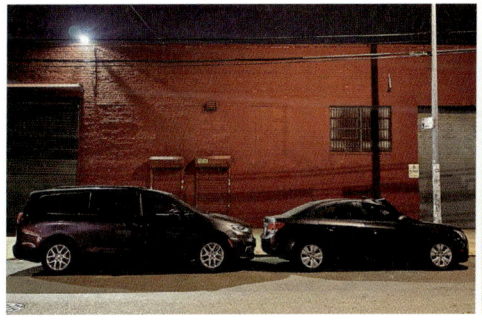

▬ 위험을 무릅쓰고 창문이 깨진 낡은 승용차 뒤에 주차했다.

묘하게 유혹적인 브로드웨이 밤거리

뉴욕은 볼거리가 너무 많아

아침에 눈을 뜨자마자 차를 세워둔 곳으로 달려갔다. 창문이 와 장창 깨진 승용차 바로 뒤에다가 세웠기에 불안불안해서 달려왔는데, 다행히 차는 멀쩡했다.

뉴욕은 주차하기가 너무 힘들어서 오늘은 지하철을 타고 다닐 예정이었지만 생각을 바꿨다. 항공모함박물관을 가는데 공영 주차장의 주차 요금이 하루 종일 40달러라기에 그곳에 주차하고, 지하철과 우버로 뉴욕을 돌아본 다음, 저녁 늦게 필라델피아로 떠나기로 했다. 주차 요금이 뉴욕 시내 평균보다 절반 정도밖에 안 됐다. 부담 없이 차를 가지고 항공모함박물관으로 갔다.

항공모함박물관 - 미국 자연사박물관 - 센트럴파크 - 자유의 여신상 - 브로드웨이 순으로 돌아보기로 했다. 점심과 저녁 식사는 길거리 핫도그와 웬디스 버거로 간단히 해결했다. 시간과 돈을 절

— 항공모함박물관

약할 수 있어서 좋았다.

항공모함박물관은 2차 세계대전 때 쓰던 항모를 개조했는데 볼거리가 많았다. 공군 출신인 나로서는 호기심과 흥미가 많을 수밖에 없었다. 이것저것 돌아보다 보니, 다음에 손자와 함께 다시 오고 싶다는 생각이 들었다.

항공모함박물관을 구경한 뒤 지하철을 타고 자연사박물관으로 갔다. 영화 〈박물관은 살아 있다〉로 친숙해진 곳이다. 생물학, 지질학, 천문학, 인류학 등 모든 자연과학 분야를 망라하는 320만 개 이상의 표본을 소장하고 있다. 그중 전시하는 건 0.02%에 불과하다고 한다.

입장해서 루스벨트 기념홀을 지나면 엄청난 크기의 공룡 화석을 만난다. 다양한 전시물이 있지만 가장 눈길을 사로잡는 건 역시

— 미국 자연사박물관 입구와 내부
— 센트럴파크

공룡이다. 다른 어떤 박물관보다 압도적으로 많다. 4층 전시관에는 공룡을 비롯한 원시 동물들의 화석과 포유류 등이 중점적으로 전시되어 있다.

2024년 몽골 여행을 할 때 '공룡 계곡' 또는 '불타는 절벽'으로 불리는 바양작에 갔었던 기억이 떠올랐다. 바양작은 전 세계에서 가장 많은 공룡 화석이 발견된 곳이다. 스티븐 스필버그 감독이 만든 영화 〈쥬라기 공원〉의 토대가 된 발굴지다. 1920년대 초 미국인 탐험가 채프먼 앤드류스(영화 〈인디애나 존스〉의 실제 모델이었던 탐험가)가 바양작에서 대대적으로 공룡 유물 발굴 작업을 했었다. 그때 발굴된 공룡 화석들이 자연사박물관에 소장되었다는 설명을 들었던 기억이 오버랩되었다.

센트럴파크는 자연사박물관과 가까워서 걸어서 갔다. 워낙 넓은 곳인 데다가 일몰 시간이 가까워 오고 있어서 전부 다 돌아보지는 못하고 일부 구역만 산책했다.

어두워지기 전에 차를 세워둔 주차장으로 돌아가려고 우버를 검색하니 대기 시간이 10분 이상 걸리는 걸로 떴다. 길가에 줄 서 있는 <u>옐로 캡 택시를 타보려고 예상 요금을 물어보니 우버 요금보다 훨씬 비쌌다.</u> 바로 택시를 포기하고 우버를 기다렸다가 타고 주차장으로 갔다.

우리 차를 타고 마지막으로 비오는 일몰 시간에 자유의 여신상을 보러 갔다. 자유의 여신상 크루즈 이용료는 44달러인데 저렴한 것은 25달러짜리도 있다. 하지만 우리는 무료로 운영하는 스태튼 아일랜드 페리를 타고 건너면서 자유의 여신상을 즐겼다.

정체되는 밤거리에서 느낀 색다른 낭만

가는 곳마다 볼거리가 많아서 예상보다 시간이 많이 초과되었다. 못 간 곳은 다음 기회로 미뤘다. 그래야 또다시 올 이유가 생기

1 미친 여행

— 공짜로 즐긴 자유의 여신상

니까. 다시 와야 할 이유를 만들었다 생각하고 아쉬움을 달랬다. 천천히 여유를 가지고 뉴욕 거리를 걷기도 하고, 지하철을 잘못 타서 되돌아오기도 했지만 그런 실수도 재미있었다. 2만 보를 걸었다. 주차 스트레스가 심한 뉴욕에서 우버도 타 보고, 지하철도 타 보고….

숙소로 돌아가는 뉴욕의 밤거리에 폭우가 쏟아졌다. 브로드웨이를 통과해서 지나가는데 정체가 엄청나게 심해서 주차장을 방불케 했다. 차창 너머로 보이는 브로드웨이의 네온사인이 화려했다. 대형 전광판과 헤드라이트 불빛과 그리고 우산을 든 인파가 그루미하게 어울렸다. 심하게 정체되는 밤거리에서 색다른 낭만을 느

— 뉴욕 지하철
— 브루클린 건물 곳곳에 보이는 그래피티. 브로드웨이의 비 오는 밤거리

껴보았다. 라디오에서는 '뉴요크~ 뉴요크~~' 노래가 흘러나왔다. 현란한 전광판이 빗물에 번져서 오묘하게 발광했다. 브로드웨이의 비 오는 밤거리는 묘한 유혹을 품고 있었다. 멜런콜리하게 흐느적거리는 느낌의 재즈 같았다.

숙소에 도착하니 새벽 2시가 넘었다. 심야 라면을 먹었는데, 태어나서 가장 끝내주는 맛이었다.

워싱턴의 환대

국물 한 방울까지 소중하게

워싱턴 여행은 과장되게 표현하자면 국빈급 방문이었다. 미국에 와서 늘 가성비를 추구하고 다녔는데, 워싱턴에서는 VIP급의 환대를 받으며 럭셔리했기에 감히 '국빈급'이라는 표현을 해봤다.

페이스북 친구인 잠수함연맹 안영미 (전)회장님이, 도착해서부터 떠날 때까지 2박 3일 동안 모든 것을 챙겨주었다. 별명이 안다르크 (혹은 안관순)인 그분은 순흥 안씨 27대손이다. 굳이 촌수를 따지자면 나한테 고모뻘이다. 그래서 그런지 처음 만났어도 전혀 서먹하지 않았다. 마치 오래전에 이민 간 친척을 만난 듯 반갑고 친숙했다.

도착하자마자 안 회장님과 절친인 여성 사업가 최 대표님, 모 방송국 워싱턴 주재원이었던 이 국장님과 만나 인사를 나누고 오찬을 함께했다. 워싱턴 애난데일(Annandale)에 있는 코리아타운에서 가장 유명하다는 한강레스토랑에서 오랜만에 한식을, 허리띠 풀고 포식했다.

점심을 먹은 후 안 회장님은 저녁때 먹으라며 갈비탕 3인분까지 포장해주었다. 미국 음식은 양이 워낙 많아서 한국보다 2배 이상 된다. 소중하게 들고 와서 국물 한 방울 남기지 않고 그 많은 걸 맛나게 싹싹 다 비웠다. 과일과 간식까지 챙겨준 안 회장님의 세심한 배려에 감사했다.

옛날 유행했던 개그의 아재 멘트가 떠올랐다.

"이 사람 뭐 그리 대단하다고…."

숙소는 워싱턴 시내에서 1시간가량 떨어진 킹 조지 카운티에 있는 어마무시할 정도로 크고 멋진 안 회장님의 별장이었다. 우리는 처음 경험하는 고급 별장을 돌아보며, 감탄사를 연발하며 눈이 휘둥그레졌다. 그냥 쉬었다 가기에는 아쉬울 만큼 너무 멋진 곳이었다! 바다와 강이 합류하는 로지어강(Rosier Creek)의 풍경은 한 폭의 수채화였다. 나무 데크와 녹색의 숲과 잔디 뜰을 산책하며 힐링의 시간을 보냈다. 막내는 유튜브를 찍느라 정신없이 바빴다. 사적인 공간을 내주고 촬영도 허락해주어서 맘껏 온전히 즐겼다.

별장에서 파티는 많이 하지만, 손님들만 사용하도록 별장을 통째로 내준 것은 이번이 처음이란다. 거기다가 우리가 오기 전에 페인트를 새로 칠하고 대대적인 보수와 정리까지 했다니 감동할 수밖에 없었다. 지하수가 미끌미끌하고 보드라운 알카리성이었다. 샤워를 하고 나니 피부가 10년은 젊어진 것 같았다. 오랜만에 한 번도 깨지 않고 숙면을 취했다.

― 안 회장님의 멋진 별장

보고 찍고 즐기다

다음 날 아침, 신촌설렁탕에서 조식을 먹고는, 하루의 스케줄을 설명하는데 이건 아주 국빈급 프로토콜 같았다. 안 회장님의 벤츠 560에 함께 타고, 이 국장님이 가이드 겸 운전을 맡아주었다. 그러고 보니 미국에 와서 좋은 차는 다 타봤다. BMW, 크라이슬러, 쉐보레, 그리고 최신형 벤츠까지. 여행하며 이런 호강까지 누리고 있으니 촌사람이 출세한 것 아닌가?

백악관, 워싱턴 기념탑, 한국전 참전용사 기념비, 링컨 기념관, 국회의사당, 의회도서관, 영빈관, 대법원 청사, 보태닉가든, 알링턴 국립묘지, 스미소니언 박물관, 조지타운, 구시가지까지 분초 단위로 짜여 있었다. 여행 고수도 소화하기 힘든 빡빡한 스케줄이었다. 그래도 안 회장님이 직접 앞장서서 안내하니 한눈을 팔 겨를이 없

— 조지타운 구시가지. 포토맥 강가에 즐비한 요트

었다. 부지런히 쫓아다니며, 보고 찍고 즐겼다.

저녁 만찬은 전날 만났던 최 대표님의 초대로 조지타운 구시가지의 포토맥 강가에 있는 전망 좋은 고급 멕시칸 레스토랑 구아포스(Guapo's, 스페인어로 멋진 남자)에서 우아한 척하며 칼질을 했다. 멋진 요트가 떠 있는 강이 내려다보이는 야외에서 디저트로 젤라또까지 음미하며.

조지타운 구시가지는 워싱턴 DC와 분위기가 완전히 달랐다. 워싱턴은 근엄한 분위기라면 이곳은 마치 유럽의 예쁜 올드타운 분위기다. 자유분방하지만 격조가 있으며 활기가 넘쳤다. 강가에 정박해 있는 요트는 풍요로운 미국을 상징하는 것처럼 보였다. 이곳 사람들의 표정에는 여유가 있었고, 가는 곳마다 보이는 풍경과 분위기가 낭만 가득했다. 강가의 요트 위에서 즐기는 사람들의 모습

― 의회도서관, 국회의사당

과 음악이 주는 묘한 떨림이 보는 사람까지 들뜨게 했다. 미국 부자들은 이런 곳에서 요롷게 즐기며 우아하게 사는구나! 고개를 이리저리 돌리며 주변을 둘레둘레 돌아보았다.

별장으로 돌아오는 길에 K마트에 들러 샌프란시스코로 돌아갈 때 먹을 식료품을 구입했다. 이것마저도 안 회장님이 다 계산을 해주었다. 우리는 아예 돈도 꺼내지 못하게 했다.

그리고 워싱턴 호텔 루프탑 바에 가서 와인 한잔 마시며 야경을 감상하자고 했지만. 우린 내일 5,000여km의 머나먼 여정을 시작해야 하기에 정중히 사양했다. 그럼에도 안 회장님은 그냥 물러서지 않고, 코리아타운의 '칸'이라는 이자카야로 데려가 밤참이나 내일 조식으로 먹으라고 도시락을 주문해서 안겨주었다.

그동안 컵밥과 라면을 주식으로 삼았었는데 워싱턴에 와서는

— 워싱턴 기념탑, 대법원 청사

물 한 번 안 끓여보고, 1달러도 안 쓰고 호사를 누렸다. 더 중요한 것은 진심이 담긴 따뜻한 마음이었다. 순흥 안 씨는 남자보다 여자가 똑 부러진다. 어쩜 이리도 내 동생 명자씨랑 생각이나 행동이 똑같은지…. 워싱턴에서 꿈 같은 시간이 흘렀다. 감사했다.

자유는 공짜가 아니다

나의 경우 워싱턴에서 딱 한 곳만 가야 한다면 단연코 이곳이다. 한국전 참전용사 기념비!

예전에 펜타곤에 출장 올 기회가 있었다. 그때는 공무 출장이라서 제대로 관광을 할 수가 없었다. 워싱턴의 명소는 몇 군데밖에는 못 가봤다. 다음에 또 한번 올 기회가 있다면, 한국전에 참전한 미

— 한국전 참전용사 기념비

군들을 기리기 위해 1995년에 건립된 이곳을 꼭 다시 와보겠노라고 생각했었다.

기대하고 찾은 이곳! 19명의 병사들이 정찰하는 모습을, 마치 살아 있는 듯 생생하게 재현해놓았다.

"Freedom is not free."

맞다! 자유는 거저 주어지는 게 아니다. 화강암 벽에 새겨진 이 글귀가 가슴을 찡하게 만들었다. 숭고한 헌신과 희생에 잠시 묵념을 올리고, 경의를 표했다. 워싱턴에서 가장 의미 있고 감동적인 시간이었다.

41일간의 미친 로드 트립 끝!

미 대륙 종단? 횡단? 동선이 왜 이래?

워싱턴을 끝으로 41일간의 로드 트립 1부는 사실상 끝났다. 출발할 때부터 막내인 김튜버는 7월 25일 샌프란시스코에서 한국으로 돌아가는 비행기 티켓을 끊어서 왔다. 먹사니즘의 현실적인 문제 때문에 어쩔 수 없는 선택이었다. 나와 이쌤은 한 달 정도 더 여행하다가 8월 28일 샌프란시스코에서 귀국하기로 했다. 막내를 샌프란시스코 공항에서 배웅해주고 7인승 밴을 반납한 다음, 공항에서 바로 가성비 좋은 SUV를 받아서 유랑 같은 여행을 할 계획이었다.

당시 워싱턴에서 렌트 기간을 연장하거나 돈을 더 내더라도 워싱턴에서 차를 반납한 뒤 막내를 비행기 태워서 샌프란시스코로 보내고, 나와 이쌤은 새 차로 바꿔서 여행을 계속했으면 더 효율적이었을 것이다. 그랬다면 제대로 된 동선이 나왔을 텐데 그게 안 됐다. 그땐 미처 그 생각을 못했다. 우리 팀의 로드 트립 동선이 종단

1 미친 여행 — 175

도 아니고 횡단도 아니고 정신 사납게 뒤죽박죽인 것처럼 보이는 배경과 이유다(8~9쪽 지도 참고). 속사정을 모르는 사람은 우리 동선을 보고 고개를 갸우뚱거릴 수밖에 없다. 경험이 없어서 계획 단계에서 플랜 B를 준비하지 못한 우를 범한 것이다.

3박 4일간 미 대륙을 동서로 횡단하다

막내더러 혼자 운전해서 샌프란시스코로 가서 차를 반납하고 귀국하면 안 되겠느냐고 물으니 그건 힘들 것 같다고 했다. 하긴 이해가 갔다. 워싱턴에서 샌프란시스코는 직선거리로 따져도 2,814마일(약 4,530km)이다. 혼자 운전해서 간다는 건 무리일 수밖에 없다. 이리저리 머리를 굴려봐도 답이 없으니 어쩔 수 없었다. 오케이! 교대로 운전해서 샌프란시스코로 돌아가자! 결론적으로 우리는 3박 4일 동안 4,530km를 달려서 샌프란시스코에 도착했다.

중간에 있는 도시에는 들르지 않고 고속도로 휴게소에서 밥을 해먹고 고속도로 가까운 숙소에서 잠만 잤다. 무려 83시간이 걸려서 미 대륙을 동에서 서로 횡단했다. 멍청하다는 자책 대신 횡단 랠리를 무사하게 해냈다는 데 보람과 기쁨의 하이 파이브를 했다.

7월 20일 11시 워싱턴 출발!
7월 23일 22시 샌프란시스코 도착!
7월 24일 차량 반납

달리면서 느낀 게 있다.

미국은 미쳤다. 땅덩어리 사이즈와 스케일이 미쳤고, 하늘이 미치고, 팁이 미치고, 우리는 여행에 미쳤다.

남들과 똑같다면 보편적 행복을 누리겠지만, 제대로 미치면 특별한 해피 바이러스 감염자가 된다. 한 번도 그 바이러스에 감염되지 않은 사람은 그 맛을 모른다.

로드 트립 1부 41일간 경비(3인)

샌프란시스코 왕복 비행기표	3,497,500원
캠핑카(10일간) 렌트비	2,513,791원
SUV(25일간) 렌트비	1,986,846원
기름값	3,274,409원
우버, 택시, 주차비	566,938원
숙박비	4,757,654원
입장료, 투어비	821,874원
식비	6,330,439원
유심, 기념품, 기호품, 슬롯머신, 팁 등	2,060,863원
기타	1,189,686원
총액	27,000,000원

2

끌림 여행

2부 시작, 바꿔 바꿔 여행 다 바꿔!

샌프란시스코에서 2박 3일을 지낸 후 막내와 공항에서 작별했다. 41일간의 로드 트립 1부(6월 14일~7월 25일)가 휘리릭 지나갔다.
나와 이쌤은 바로 34일간의 2부 여행(7월 26일~8월 28일)을 시작했다! 1부와는 전혀 다른 콘셉트로 여행하기로 했다. 스타일도 완전히 바꾸고, 디테일한 계획은 없다. 마음 끌리는 대로, 시간에 구애받지 않고 천천히 가기로 했다.
진정한 노마드다. 아무것도 하지 않을 자유!
꿈꾸는 건 무엇이든 해볼 수 있는 자유!
석양이 아무리 아름다워도 순식간인 것처럼, 인생도 잠깐이면 저문다. 칠십 넘게 살아온 내 인생의 마지막 미친 짓이 될 것 같은 여행이지만, 내게는 최고로 멋진 Journey가 되리라 믿었다.
1부는 하루하루를 열심히 채우는 미친(미국과 친해지는) 여행이었고, 2부는 비내버(비우고, 내려놓고, 버리는) 여행이다. 감성 여행이다. 구름처럼 바람처럼 흘러 흘러 가는 대로 가보자. 일단 고래를 보러 바다로 가야겠다. 태평양에서 불어오는 바람을 맞으며, 1번 국도를 따라 산타바바라, 말리브, 산타모니카, 솔뱅으로 내려가보기로 했다.

아~ 비치의 이름은 왜 이렇게 예쁜 거야…. 매혹적인 네이밍이다. 순진한 나를 유혹하고 설레게 했다. 기꺼이 유혹에 빠져보고 싶었다. 워싱턴의 안미영 회장님이 예쁘다고 강추한 '레오 카릴로 스테이트 비치(Leo Carrillo State Beach)'도 가보기로 했다. 일단은 샌프란시스코에서 샌디에이고까지 해변 1번 국도 로드 트립만 확정했다. 그다음은 끌리는 대로 가보려 한다.

하루 동안 쉬면서 생각해보니, 1부는 참 빡세게 돌았다. 2만km를 주행했으니, 바쁘게 쫓아다닌 로드 트립을 했다. 2부는 슬로우 슬로우 두리번두리번하면서 가보려 한다. (하지만 2부를 끝내고 보니 1부 때의 2만km보다도 훨씬 더 달렸다.)

영화도 전편과 비슷한 속편은 재미가 없다. 도전, 용기, 성취, 속도 등은 잊어버리고 대신 설렘, 여유, 힐링, 기쁨과 함께하는 여행을 하고 싶다. 세상을 바꿀 수는 없다. 나를 바꾸고, 나의 여행을 바꾸면 다른 세상과 감동을 만날 거라 믿는다.

말해놓고 보니 워매 멋져부린 거…. 꿈과 상상은 자유다. 언제나 아름답다.

방향 급선회, 실리콘밸리가 확 땡기네

실리콘밸리에서 엉뚱하게 록밴드에 빠지다

첫날은 산호세를 거쳐 바닷길을 타고 내려가다가 산타바바라까지 갈 예정이었다. 그런데 이정표를 보니 실리콘밸리가 바로 앞에 있었다. 여기는 들를 생각을 못했었는데 확 땡겼다. 그냥 지나치기엔 아쉬워서 방향을 급선회했다.

먼저 컴퓨터 히스토리 박물관으로 갔다. 작지만 전시물과 설명이 알찼다(입장료 20달러). 밖으로 나오니 록밴드 공연이 한창이었다. 관람객들의 반응과 열정적인 호응에 시간 가는 줄 모른 채 빠져들었다. 역시 청춘들의 영혼을 담은 연주는 멋지다.

첫날 계획했던 1번 국도 드라이빙은 날아가버리고 록 뮤직이 오늘의 메인이 되어버렸다. 아무렴 어때! 인연 따라 끌림 따라가는 여행인데. 시간이 늦어져 중간에 몬터레이 맥도날드에서 늦은 점심을 먹고 해변을 산책했다.

― 실리콘밸리에 있는 '컴퓨터 히스토리 박물관'. 박물관 입구에 주판이 전시되어 있다. 주판이 컴퓨터의 원조인 셈이다. 컴퓨터의 진화 과정을 볼 수 있다. 박물관 야외에서 록밴드 공연을 한다.

천천히 쉬엄쉬엄이 뭐여?

산타바바라로 가면서 숙소를 검색하니 토요일이라 평일보다 두 배 정도 비쌌다. 그나마 운 좋게 예약한 가장 싼 방이 162달러였다. 미국 자동차 여행 중 숙박비 지출 비중이 제일 높다.

그런데 호텔 위치가 좀 멀었다. 질주 본색을 발휘해서 산타바바

— 몬터레이 맥도날드. 빨간색이 아닌 노란색 바탕이 특이하다.
— 몬터레이 근교 마켓에 들어갔는데 주인이 한국분이었다. 작은 마을에서 한국인을 만나니 반가워서 한참 수다를 나눴다. 산타바바라 가기 전의 마지막 레스트 에어리어다. 바다가 가까워서인지 바람이 엄청 차갑고 강했다.

라 남쪽에 있는 벤투라(Ventura)까지 달렸다. 천천히 쉬엄쉬엄 가려고 했건만, 383마일(613km)을 달려 밤 11시가 되어서야 도착했다.

숙박비로 162달러나 지불했는데, 방의 크기가 역대급으로 작았다. 서부의 물가가 비싸다는 걸 실감했다. 산타바바라의 예쁜 해변으로 가려고 했는데, 엉뚱하게 실리콘밸리 록 공연에 시간을 쏟아부은 하루가 되고 말았다.

샌디에이고의 대표 음식은 짜장면?

봐도 봐도 좋은 걸 어떡해

다음 날 일어나자마자 전날 지나온 길을 되짚어 다시 북쪽으로 달려갔다. 오래전부터 가보고 싶었던 산타바바라였으니까. 역시 예쁘다! 명불허전이다! 더 이상 말이 필요 없다! 해변을 산책하다 그늘에 앉아 그저 멍하니 바라볼 뿐….

다시 출발. LA로 내려오면서 말리브에 있는 레오 카릴로 스테이트 비치에 들렀다. 워싱턴의 안미영 회장님이 꼭 가보라고 추천해준 곳인데 오길 잘했다. 관광객은 안 보이고 현지인들이 가족과 함께 즐기는 평화로운 해변이었다. 가는 곳마다 멋지고 예쁜 풍경을 만났는데, 특히 그림 같은 비치를 보면 푹 빠졌다. 봐도 봐도 좋은 걸 보니 나는 여행 팔자가 맞나 보다.

말리브와 산타모니카는 한 달 전 LA 사는 신샤론 님이 하루 종일 안내해주어서 다 돌아보았다. 그때의 너무 좋았던 기억이 떠올라서

— 레오 카릴로 스테이트 비치
— 샌디에이고 시내는 스페인풍 건물이 많다. 거리 곳곳에 이국적인 풍경이 이어진다.

내려가는 길목에 있으니 다시 가보고 싶었다. 하지만 성수기에다 주말이라서 차가 너무 밀려 포기하고 샌디에이고로 직행했다. 일찍 도착해서 월마트에서 장을 보고 스테이크로 단백질 보충을 하니 여행의 피로가 풀렸다. 밀린 빨래까지 하고 나니 속이 다 시원했다.

샌디에이고에서는 2박 3일 정도 여유롭게 보냈다. 가스램프 쿼터(Gaslamp Quarter), 시포트 빌리지(Seaport Village), 코로나도섬(Coronado Island), 빌보아 공원(Balboa Park)을 돌아보았다. 날씨도 좋고 도시가 깨끗하지만 의외로 노숙자들이 많아서 놀랐다. 큰 도시는 빌딩 숲이 높은 만큼 어두운 그림자도 깊은 것 같다. 매일 비싼 물가와 숙박비를 직접 체험하면서, 어느새 노숙자를 이해하게 된 나도 가끔 노숙의 유혹을 느낀다.

먹고 싶은 건 먹어야지

장을 보러 한인 마트에서 갔다가 입구에 있는 한식당 메뉴판에서 짜장면을 발견했다. 갑자기, 당뇨 환자 기피 음식 1호인 짜장면의 강렬한 유혹을 느꼈다. 한국에서라면 절대 먹지 않을 짜장면의 유혹에 갈등이 시작되었다.

자기 세뇌를 먼저 걸었다. '보고 싶으면 봐야 하고, 떠나고 싶으면 떠나야 하고, 먹고 싶으면 먹어줘야 산다. 특별한 날에만 먹었던 향수 음식이다. 어쩌다 먹는 건 향수를 달래는 데 좋다.'

합리화를 마치고 털썩 자리에 앉자마자 주문을 했다. 하고 보니,

— 짜장면의 유혹

세금과 팁을 포함 2만 원 정도다. 그냥 짜장면이 아닌 것 같았다. 비싼 짜장면이니 호텔 중식당 짜장면 맛이려나? 비싼 짜장면은 기다리는 시간도 길었다. 고급 짜장이니 이해하며 기다렸다. 양파나 춘장 따위는 없었다. 손톱 크기의 단무지 네 쪽뿐이었다. 오로지 짜장면 맛에 집중하라는 깊은 뜻이 있다는 걸 단박에 알아챘다.

　감탄사가 저절로 나왔다. 아~ 행복하다! 초등학교 졸업식날 먹은 짜장면보다 훨씬 맛났다. "샌디에이고에 가서 짜장면을 먹지 않았으면 갔다는 말을 하지 말아~~" 시답잖은 아재 개그까지 날리면서 폭풍 흡입을 했다.

　하지만 짜장면의 감동은 쉽게 꺼지고 밤이 되자 또 배가 고팠다. 간단히 고기를 구워 먹으니 이것도 감동! 먹는 것마다 감동이니 참으로 줏대가 없고 어설픈 입맛이다. 그래도 오늘의 주인공은 짜장면이었다.

황량하고 거친 아름다움

황무지 바위 병풍 아래서 캠핑

오래전부터 하고 싶어 했던 샌프란시스코에서 샌디에이고까지의 바닷길 여행을 마쳤다. 다음은 어디로 가지?

아마도 미국 자동차 여행을 다시 하기는 힘들 것 같고, 다시 온다고 해도 이번처럼 무소뿔처럼 가는 여행은 불가능할 거란 생각이 들었다. 그래서 일단 1차 로드 트립 때 가보지 못한 곳을 가보기로 했다. 1차 여행은 마치 찬물에 말아서 급히 먹어 치운 식사 같았다. 이번에는 차근차근 꼭꼭 씹어가며 맛을 제대로 음미해보고 싶었다.

우선 캘리포니아주 남부에 있는 조슈아트리 국립공원(Joshua Tree National Park)부터 시작했다. 로스앤젤레스의 동쪽, 팜스프링스의 북쪽에 있는 특이한 국립공원이다. 데스밸리 국립공원과 가깝다. 황량하고 거칠면서도 아름답다. 암석으로 뒤덮인 산들은 기이하게

― 조슈아트리 국립공원

멋지다. 모래흙, 바위, 40도가 넘는 불볕더위, 건조한 열풍(습도 6%)이 뜨겁게 맞아준다.

다른 식물들은 보이지 않는다. 이곳 사막에서만 자생하는 조슈아트리만 보인다. 조슈아트리는 형상이 여호수아를 닮았다고 해서 '여호수아 나무'라는 이름을 붙였다고 한다. 여호수아를 영어로 표기하면 조슈아다. 믿음으로 보면 나무도 돌도 구름도 다 여호수아로 보이는가 보다.

여름에는 너무 뜨거워서 관광객은 주로 겨울에 많이 온다. 그렇다고 겨울에 다시 올 수는 없다. 불볕더위를 무릅쓰고 히든 밸리 트

— 캠핑장

레일 하이킹을 감행했다. 물을 충분히 마셔주며 여유 있게 걸었지만, 사막의 가시나무에 찔려 무릎이 벌겋게 부어오르기도 했다. 하지만 다행히도 이틀 만에 제풀에 가라앉았다.

    이곳의 하이라이트는 캠핑이다. 비수기인 여름철에는 하루 캠핑장 이용료가 15달러. 오지게 착한 가격이다. 한여름의 무더위 때문인지 넓은 캠프 그라운드에 차가 4대밖에 안 보였다. 바위가 병풍처럼 둘러쳐진 아늑한 자리에 돌로 된 피크닉 테이블과 바비큐 그릴이 있어 분위기가 끝내주었다.

    우리는 바비큐 준비를 못해 갔기에 가스버너에다 고기를 구웠다. 어디에다 굽든 고기는 항상 옳다. 여기서 구워 먹는 월마트표 고기는 환상이었다. 황무지라도 바위 병풍 아래라서 아늑했다. 해가 지고 나니 불볕더위의 한낮보다는 한결 나아졌다.

하이킹과 별 보기 명소

조슈아트리 국립공원은 별 보기 명소로 꼽힌다. 공원 전체가 별 관측 천문대라고 불릴 정도다. 방문자들은 장엄한 일몰과 쏟아질 듯 밝은 별들이 하늘 가득한 장관을 보기 위해 하룻밤을 묵는 게 일반적이다. 그중에서도 판타스틱의 끝판왕은 해발 1,581m에 위치한 키스뷰(Keys View)에서 바라보는 밤하늘의 별들이다. 공기가 좋고 인가가 없어서 별 보기에 최적이다.

캡 락 트레일(Cap Rock Trail)과 키스뷰 트레일은 30~40분 정도 소요되는 가벼운 코스라서 하이킹하기에 적당하다. 하이킹과 별 보기 그리고 캠핑으로 잊지 못할 추억을 만들었다.

차박을 하고 아침 일찍 출발해서 히든 밸리와 바위 모습이 해골 모습을 닮은 스컬 락(Skull Rock)을 돌아보고, 뒤편으로 난 바위길 하이킹을 즐겼다. 아치 락(Arch Rock)과 촐라 캑터스 가든(Cholla Cactus)은 마치 보너스처럼 공원에서 나오는 길에 있어서 자동으로 들르게 되었다.

여행은 용기와 도전이다. 여행은 적응이다. 무더위가 좀 힘들긴 했지만 제대로 즐겼다. 한 가지 애로 사항은 인터넷이 안 된다는 점이다. 미국 국립공원의 인터넷 사정은 거의 다 비슷하다는 걸 알기에 용서가 된다.

— 스컬 락, 촐라 캑터스 가든

볼텍스를 듬뿍 받았으니 내게도 영험한 기운이?

나도 기 한번 받아보자

조슈아트리 국립공원에서 600km를 달려 세도나(Sedona)에 도착했다. 애리조나 사막 한가운데 솟아 있는 붉은 바위산들이 경이롭다. 영험한 기운이 감도는 붉은 사암 지역은 볼텍스(Vortex) 에너지가 강렬하다고 알려져 있다. 특히 벨락(Bell Rock, 종 모양의 바위산), 성십자가 성당(Chapel of the Holy Cross), 캐시드럴 락(Cathedral Rock), 에어포트 메사(Airport Mesa)가 기가 모이는 대표적인 장소로 꼽힌다.

먼저 벨락을 찾았다. 세도나에서 가장 유명한 볼텍스 사이트 중의 하나로 기 수련을 위해 세계 각국에서 많은 도인들이 찾는 종 모양의 바위다.

성십자가 성당은 도로와 마주한 가파른 언덕 위에 지어진 아름다운 예배당이다. 차를 타거나 걸어서 뒤편으로 올라가면 멋진 뷰가 보이는 전망대와 성당 입구가 있다. 성당 규모는 작지만 가파른

— 에어포트 메사
— 벨락, 캐시드럴 락

2 끌림 여행 — 197

— 성십자가 성당

바위 바깥쪽에 세워진 특이한 모습 때문에 영험한 기운이 강하게 느껴진다.

  캐시드럴 락은 성십자가 성당에서 차로 5분 정도로 가까이 있다. 주차장에 차를 세우고 걸어서 조금 들어가면 붉은색의 작은 산이 우뚝 서 있는 게 보인다.

  에어포트 메사는 '기 충전소'라 불리는 벨락과 캐시드럴 락 등이 내려다보이는 탁월한 전망을 제공하는 뷰 포인트다.

  틀라케파케(Tlaquepaque) 예술 마을은 아트 갤러리, 공예품점, 자갈길, 장식용 아치 등이 모여 있는 야외 전시장으로 볼거리가 많다.

  세도나의 풍경들을 보면 마치 살바도르 달리가 그린 초현실주의 그림을 보는 듯했다. 원래는 인디언 원주민들이 신성시했던 성

— 기를 받기 위한 몸부림. 트레일을 걷고 바위에 오르다.

지였다. 지금은 기수련자나 기를 받으려는 사람, 예술가, 건강하게 살고 싶은 은퇴자 등 관광객들로 붐빈다.

나 역시 기를 받아보겠다고 가는 곳마다 바위를 올라가고 트레일을 걸었다. 그러나 더운 날씨에 모자도 안 쓴 채 땀을 흠뻑 흘린 탓에 기운이 빠져 맥이 탁 풀리고 말았다. 게다가 가시가 많은 작은 나무들이 많아서 꽤 힘들었다. 무조건 물병을 지참해야 한다는 기본 수칙을 깜빡해 갈증 때문에 고생도 했다.

하지만 볼텍스를 듬뿍 담아왔으니 만족이다. 내 몸 안의 나쁜 기가 빠진 거라고 생각을 바꾸니, 개운하고 가뿐해지며 원기가 회복되는 듯했다. 일체유심조. 모든 것이 마음 먹기에 달렸음을 새삼 느꼈다.

한국의 마니산과 계룡산도 기가 모이는 곳으로 유명하다. 오래전에 계룡산 아래 신도안에서 몇 년간 근무한 적이 있었다. 그때 기를 받아서 이 나이에 하드코어 자유여행을 할 수 있는 것인지도 모르겠다.

죽을 때까지 천천히 여유롭게 매일매일 걸으며 감사하는 삶이 되기를 기도했다. 세도나의 볼텍스가 멈추지 않는 여행(Endless Journey)의 지팡이가 되어주면 좋겠다.

아름다운 오크 크릭 캐니언

플래그스태프와 세도나 사이의 북부 애리조나에 있는 강 협곡에 자리 잡고 있는 오크 크릭 캐니언(Oak Creek Canyon)은 아름다운 경치를 자랑한다. 산과 강과 짙푸른 나무 터널이 아름다워서 이곳 캠핑장에서 하루를 보내려고 했지만 빈자리가 없었다.

혹시 예약 취소된 사이트가 있는지 알아보았지만 헛수고였다. 하루를 더 묵고 싶었는데 숙소를 찾아 다시 시내로 돌아가기도 마땅치 않아 야간 주행으로 다음 도시를 향해 직진했다.

비포장길 밸리 드라이브하고 황홀감에 빠지다

뷰 캠프그라운드의 낭만적인 하룻밤

애리조나주의 경계선을 넘어 유타주에 들어서자마자 모뉴먼트 밸리(Monument Valley)의 장관이 펼쳐졌다. 나바호 인디언들의 슬픈 역사를 품고…. 모뉴먼트 밸리를 보는 순간 동공이 커지고 입이 벌어지면서 저절로 감탄사가 튀어나왔다. 절대 잊을 수 없는 풍경들을 마주하는 순간, '이곳에 오지 않았으면 어쩔 뻔했나?' 후회할 뻔 정도가 아니고 억울할 뻔했다.

나바호 인디언 자치보호구역 안에 있는 이곳은 형이상학적인 대자연 때문에 존 웨인 주연의 〈역마차〉를 비롯해 많은 서부 영화 촬영지로 각광을 받았다. 또한 〈백 투 더 퓨처3〉, 〈포레스트 검프〉, 〈쥬라기 월드 : 폴른 킹덤〉 등의 로케이션 장소가 되었다.

해가 질 무렵 국립공원 게이트를 통과하려는데 관리원이 숙소를 예약했느냐고 물었다. 예약을 하지 않았으면 게이트를 닫을 시간이 다 되었기에 입장할 수가 없단다. 여기서 되돌아 나가서 숙소를 찾으려면 생고생을 해야 한다. 즉흥적으로 얼핏 알고 있는 더 뷰 캠프 그라운드(The View Campground)에 예약했다고 둘러댔다. 퇴근이 급했는지 구체적으로 확인하지 않고 통과시켜주었다.

뷰 호텔 앞에 있는 캠프 그라운드로 가서 빈 사이트가 있느냐고 물었더니, SUV가 차박할 사이트는 없고 캠핑카 사이트만 남아 있다고 알려주었다. 캠핑카 사이트는 가격이 조금 비싸긴 했지만, 이곳에 딱 하나 있는 뷰 호텔에 비하면 반에 반값이었다. 사이트마다 나무로 만든 식탁이 있고 취사를 할 수 있는 시설이 있어서 만족스러웠다. 여행운이 도와주는 듯해서 기뻐하고 감사했다.

다음 날은 밸리 드라이브 투어를 했다. 투어는 더 뷰 호텔에서부터 시작된다. 각자의 차를 타고서 입구에 대기하고 있으면 투어를

— 뷰 캠프 그라운드 캠핑장

— 웨스트 미튼, 이스트 미튼, 메릭 뷰트
— 빅 치프, 센티널 메사

― 더 뷰 호텔. 모뉴먼트 밸리에 있는 하나뿐인 호텔이다.
― 밸리 드라이브 투어

마친 팀들이 나오는 대로 들여보내 준다. 코끼리 뷰트(Elephant Butte), 쓰리 시스터즈(Three Sisters), 존 포드 포인트(John Fords Point), 카멜 뷰트(Camel Buttee), 더 허브(The Hub), 선더버드 메사(Thunderbird Mesa), 버드 스프링(Bird Spring), 토템 폴(Totem Pole), 아티스트 포인트(Artist's Point), 노스 윈도(North Window), 더 텀브(The Thumb)로 돌아서 나온다.

드라이브 투어 중 곳곳에 차를 세우고 짧은 트레킹을 하고, 사진도 찍으며 감상하는데, 세월과 바람과 자연의 힘이 빚어낸 신묘한 조각품 앞에 서면 숨이 멎을 것처럼 벅찼다.

일출과 일몰은 황홀했고, 왕복 27km의 흙먼지 날리는 비포장길의 밸리 드라이브는 최고의 황홀감을 안겨주었다. 특히 사방이 모뉴먼트로 둘러싸인 캠프 그라운드에서의 낭만적인 하룻밤은 절대 잊히지 않을 추억으로 남을 것이다.

무인텔, 생각보다 좋네

투어를 마치고 나오며 다음 숙소를 잡았는데 가성비가 좋았다. 더블 침대 두 개, 뜨거운 물 샤워, 전자레인지, 냉장고, 커피포트와 드립 커피, 세면용품, 생수 포함까지 단돈 60달러. 거기다 대형 마트도 가깝다. 그런데 도착해보니 프런트 데스크가 없는 무인텔이었다. 벽에 적힌 전화번호로 통화해서 방 번호, 도어 비밀번호, 와이파이 비밀번호까지 받아야 했다. 이런 숙소는 처음이라 당황했지만 가격도 착하고 위치도 좋고 깨끗하니 대만족이었다.

기묘하고 몽환적인 곳

아치스가 건네준 위로

　아치스 국립공원(Arches National Park)은 입에서 사르르 녹는 디저트처럼 편하게 즐길 수 있는 국립공원이다. 다른 국립공원과 달리 면적이 작아서 가볍게 걸어다니면서 다 볼 수 있다. 조금 아쉽다면 다양한 액티비티와 트레킹을 즐기면 된다.

　웅장한 대자연은 아니지만, 신이 창조한 기묘하고 아기자기한 걸작 소품들의 전시장 같은 느낌이다. 바람과 물과 억겁의 세월이 만든 돌조각 앞에 서니, 신비감과 경외감이 마음 깊이 느껴졌다. 불화살을 맞아 뻥 뚫린 가슴 같은 형상의 바위들이 묵묵히 반겨주며, 상처받은 영혼들을 맞아주었다.

　커다란 구멍의 가운데에 서니 시원한 바람이 스치며 내 가슴속까지 쿨링해주었다. 매일매일 삶이 고달픈 미생의 휑한 가슴보다도 훨씬 더 커다랗게 뚫려버린 아치스의 구멍 난 가슴에서 왠지 위

━ 비바람에 뚫린 커다란 구멍

2 끌림 여행 — 207

로를 받는 느낌이 들었다. 가슴에 바람이 통하는 것 같기도 하고 먹먹하기도 했다. 사람이 살다 보면 많은 상처를 받지만 세월과 비바람을 맞다 보면 아프고 쓰린 상처가 아물어서 훈장처럼 남는 게 아닐까?

예쁘지만 비바람에 뚫린 커다란 구멍을 보며, 그 세월을 견뎌낸 아치스는 얼마나 아팠을까, 얼마나 힘들었을까 싶어 나도 두 팔 벌려 힘껏 아치스를 껴안아주었다. 서로 아픔의 눈물을 닦아주듯이 그렇게 쓰담쓰담! 삶이 아프다고 소리친다면 아치스를 찾아가 위로와 치유를 받을 수 있을 것 같다는 생각이 들었다.

몽환적인 엔텔로프 캐니언

엔텔로프 캐니언은 몽환적이다. 어퍼(Upper), 로어(Lower), 캐니언 엑스(Canyon X) 3군데가 있다. 그중에 대표적인 어퍼 캐니언을 갔다.

좁고 깊은 협곡 사이로 가느다란 빛줄기가 쏟아져 내리면, 붉은색을 띠는 나바호 사암이 침식작용에 의해 독특한 문양을 만들어낸다. 보는 사람들이 자기도 모르게 환호성을 내지르게 한다. 천장 위로 난 구멍 사이로 빛줄기가 나바호 사암을 비추면 신비한 모습으로 황홀한 춤을 추는 듯하다. 사진작가들의 성지일 뿐만 아니라, 그 사진을 보고 많은 사람이 찾아오는 명소가 된 것이다. 나도 그중의 한 사람이다. 어메이징~ 환타스틱~ 더 이상 표현할 말이 부족하다. 그냥 몽환적이다.

— 나바호족이 운영하는 투어 트럭. 엔텔로프 캐니언 입구

인디언 특별보호구역 안에 있어서 일반 차량은 출입할 수 없다. 나바호족이 운영하는 투어 버스나 트럭을 이용해야 한다. 1시간 투어에 120달러. 일일 투어 횟수가 제한돼 있어서 예약하지 않으면 낭패를 보기 십상이다. 우리는 1부 로드 트립 때도 여기에 왔었다. 하지만 예약을 하지 않고 갔더니 오전 표가 매진이라서 포기했었다. 오후까지 기다리면 다른 곳을 못 가게 되니 어쩔 수가 없었다. 이번에는 예약을 하고 와서 오전 시간에 투어를 할 수 있었다.

투어를 하면서 아르헨티나에서 40년째 살고 있는 교포 부부를 만났다. 짧은 시간에 많은 대화를 나누었다. 만약 남미 여행을 하게 되면 아르헨티나의 자기 집에 꼭 오라고 초청해주었다. 여행 중에 또 하나의 새로운 인연을 만들어가며, 오늘도 행복했다.

— 황홀한 춤을 추는 빛줄기

예술의 도시 산타페

미국의 3대 예술 도시(뉴욕, 로스앤젤레스, 산타페) 중 하나인 산타페는 이국적인 정취가 물씬 풍긴다. 영감의 땅이고 예술의 도시다.

산타페는 원래 멕시코 땅이었다. 미국 땅이 된 이후에도 멕시코의 문화와 건축을 존중해서 잘 보존하고 있으며, 인디언과 미국의 문화도 조화롭게 믹스해서 독특한 매력의 도시로 만들었다. 예술가들, 부유한 은퇴자들, 컬렉터들이 모여들어 인구 10만 정도의 도시인데도 갤러리, 공방, 민예품점 등이 가득하다.

파란 하늘과 황토색 어도비(Adobe) 건물들이 대비와 조화를 이루며, 눈이 시릴 만큼 아름답다. 어도비란 모래와 진흙과 물과 짚 등 천연재료를 혼합해서 햇볕에 말린 벽돌을 말한다. 어도비 건물은 이 벽돌을 쌓아 만든다. 산타페 시내는 어도비 건물만이 신축이나 개축이 가능하다고 한다. 대부분 단층이고, 가장 높은 주거용 건물도 3층까지만 허용된다. 색상도 황토색 계열 다섯 가지로만 제한해

— 어도비 건물

 통일시켰다. 산타페의 모습에서 멕시코를 4개월 동안 여행했던 기억과 오버랩되며, 차아파스주에 있는 산크리스토발과 같은 분위기가 느껴졌다.
 낯선 이곳에서 또 천사를 만났다. 산타페에서 9년째 살고 있는 은진 심(Eugene Shim) 화가다. 심 작가는 9년 전 작품 전시를 위해 이곳에 왔다가, 예술적 감성과 창작의 에너지가 가득한 이 도시에 흠뻑 매료되어 정착했단다. 회계사인 남편의 이해와 외조를 받으며 활발한 작품 활동을 하고 있다.
 시내에 2헥타르(약 6,000평)의 땅을 매입하여 집과 갤러리 신축

공사를 시작하는 단계라고 한다. 우리를 픽업해 하루 종일 갤러리와 공방, 오래된 성당, 건축물, 원주민 공예품점, 박물관 등을 안내해주었다.

예술에 문외한인 우리에게 쉽고 자상한 설명까지 해주어 이해하는 데 큰 도움을 받았다. 덕분에 멕시코의 문화를 알아가고 어도비 건물들을 감상하면서 어느새 산타페에 젖어들었다.

심 작가의 갤러리 신축 예정 부지도 구경시켜 주었다. 넓은 대지 주변에는 이미 고급 주택들이 들어서 있었다. 아트 갤러리를 하기에 최적의 장소인 것 같다. 미국의 예술 도시 산타페에서 자랑스런 한국인 심 작가가 펼칠 휴먼 스토리가 기대된다.

점심은 한국인 부부가 운영하는 중화요리 뷔페 레스토랑에서 먹었는데, 이곳 여주인이 한국인을 오랜만에 보니 너무 반갑다고 각별히 챙겨주었다. 가족용으로 담근 김치와 물김치까지 받으니, 일사후퇴 때 잃어버렸던 누이동생을 만나기라도 한 듯이 코끝이 찡해왔다. 이렇게 열심히 사는 사람들을 보면 꼬옥 보듬어 안아주고 싶어진다. 다정하게 팔짱을 끼고 사진을 찍었다. 사진을 보니 나 스스로 놀랄 만큼 환하게 웃는 표정이었다. 좋은 사람과 만나면 좋은 기운이 솟는다.

노마드는 끌림을 따라간다.
그 끌림을 따라 간 산타페. 낯선 땅에서의 좋은 인연.
오늘 행복했다.

— 산타페 마을 풍경
— 심 작가, 중화요리 뷔페 한국인 주인장

댈러스에서의 다짐

　샌프란시스코에서 샌디에이고를 거쳐 조슈아트리 국립공원, 모뉴먼트 밸리, 세도나, 엔텔로프 캐니언, 아치스 국립공원, 산타페까지 무사히 마쳤다. 서부의 어지간한 명소는 다 가본 셈이다.
　미국 서부 여행을 마치고 동부로 넘어갔다. 동부에서는 뉴올리언스, 마이애미, 키웨스트, 내슈빌을 갈 예정이다. 서부는 볼거리 위주였다. 동부는 감성 위주로 재즈와 컨트리송과 대서양 고래를 만나러 간다.
　터닝포인트인 댈러스는 텍사스주에서 세 번째로 큰 도시다. 미국 전체로는 아홉 번째로 큰 도시다. 인구가 140만 명이다. 그중 한국인이 15만 명 정도 산다. 코리아타운도 있다고 해서 바닥을 보이는 한국 식품을 보충하기로 했다.
　마트에 들어가서 한국 식품을 보자마자 마구마구 손이 갔다. 회 초밥, 참치회, 장어구이, 갈치구이, 장조림, 멸치볶음, 새우볶음, 배

─ H마트에서 잔뜩 산 한국 식품

추김치, 깍두기, 갓김치, 햇반, 잡곡햇반, 컵밥, 볶음우동, 비빔면, 떡볶이, 김, 스테이크용 소고기, 빵, 음료수, 생수들은 손에 잡히는 대로 집어들었다. 보기만 해도 든든하고 배가 불렀다.

    잘 먹고 힘내자.
    다쓰죽(다 쓰고 죽자)의 각오로 무소의 뿔처럼 밀고 나가보자.
    내 인생의 마지막이 될지도 모르는 미친 여행이다.
    건강하게 미치자.

지뢰밭 같았던 뉴올리언스

 # 고속도로에서 또 경찰차가 쫓아왔다

이번 미국 남동부 여행에서 가장 기대가 컸던 곳이 루이지애나 주의 뉴올리언스다. 재즈의 본고장에 가서 제대로 퐁당 빠질 생각을 하면 가슴까지 설렜는데, 시작부터 시련과 난관에 부딪혔다.

텍사스주는 건조하고 메마른 풍경이었다. 루이지애나주로 들어서자 녹색의 풍경이 펼쳐지며 기분까지 밝아졌다. 고속도로를 달리다 보니 경찰이 과속 차량을 갓길에 세우고 스티커를 발부하고 있었다. 그때 갑자기 미국에서 만난 지인이 해줬던 말이 떠올랐다.

"경찰이 갓길에서 위반 차량을 세워놓고 단속하고 있을 경우 2차선으로 주행해 오던 차는 반드시 1차선으로 차선을 바꾸어야 한다. 이를 지키지 않으면 법규 위반으로 단속된다."

그 생각을 하자마자 경찰차가 경광등을 번쩍거리며 따라오면서 차를 세우라고 신호를 보냈다. 에그머니나! 지난달 애리조나주 고

— 아름답지만 지뢰밭 같았던 루이지애나주. 단속 교통 경찰과 기념 촬영

속도로에서 과속으로 거금 315달러의 벌금을 낸 악몽이 떠올랐다. 그때는 "미국 경찰이 오면 아무 소리도 하지 말고 꼼짝도 하지 말고 기다려라. 잘못하면 총 맞는다"라는 조언을 들은 탓에 변명 한 마디도 하지 못하고 철저히 따랐다. 완전 겁을 먹어서 벌금 스티커를 받고도 감사합니다라고 인사까지 했다.

벌써 두 번째다. 이번엔 무슨 말이라도 해야겠다고 마음먹었다. 밑져야 본전이다라는 생각으로 사정조로 대응하기로 했다. 아무래도 불쌍하고 억울해 보이는 얼굴인 내가 나서야겠지? 최대한 겸손한 몸짓과 공손한 표정과 말투로 Sir Sir~~~거렸다. 한 번만 자비를 베푸소서 하는 표정으로…. 40여 년 운전했지만 이번처럼 비굴 모드로 굽실거려 보기는 처음이었다.

내가 불쌍해 보였는지, 몇 가지 묻고 확인하더니 여권과 면허증을 돌려주었다. 다음부터는 법규를 잘 지키라고 훈계를 하더니 가란다. 야호! 앗싸라비아다. 좋아서 죽는 줄 알았다.

참 쪼잔해진 나의 민낯을 스스로 느끼면서도, 이왕 이렇게 됐는데, 착한 폴리스를 만났으니 그냥 갈 순 없잖아? 사진을 같이 찍을 수 있냐고 뻔뻔하게 물었다. 의외로, 순순히? Okay!란다. 경찰차를 배경으로 사진까지 찍었다.

예약이 안 되었다고요?

루이지애나주에 들어서면서부터 난감한 상황의 연속이었다. 한번 꼬이기 시작하니 꼬이고 또 꼬였다. 지뢰밭에는 지뢰가 하나만 있는 것이 아니더라. 하나 피하면 또 다른 지뢰가 연속으로 묻혀 있었다. 무려 5일 동안 지뢰밭을 헤맨 기분이었다.

예약한 숙소에서 황당한 상황을 맞았다. 체크인을 하려니 컴퓨터에 예약 내용이 없단다. 컴퓨터 오류일 수도 있으니, 30분 정도 기다려보라고 했다. 댈러스에서부터 먼 길을 왔기에 시간은 이미 밤 9시를 넘어섰다. 배도 고프고 지칠 대로 지쳐 있는 상태에서 한 시간이 훌쩍 지났지만 감감무소식이었다.

인터넷을 뒤져 예약 사이트의 콜센터로 전화를 했다. 계속 대기하라는 멘트만 나오더니 겨우 연결되었다. 사정을 설명하니 확인해서 연락해준다더니 또 한 시간을 기다려도 응답이 없었다. 다시 또 전화, 어렵사리 연결되었다. 기존 예약은 취소하고 대체 호텔을 배정해주었는데 시내에 있는 더 좋은 호텔이었다. 초과되는 차액은 일단 우리가 내고 나중에 예약한 계좌로 환불해준다고 했다(4일 후에 45달러가 입금되었다).

공포의 빨간색 경고등

그런데 엎친 데 덮친다더니 렌터카에 문제가 있다고 스크린에 빨간색 경고등이 떴다. 마치 "비는 쏟아지고, 애는 젖 달라 울고, 국 냄비는 끓어서 넘치고, 화장실은 급하고" 하는 대사가 떠올랐다. 5,000마일도 안 탄 차인데 이상이 있다는 경고가 뜨다니 믿기지가 않았다. 일단 숙소로 가고 렌터카 문제는 다음 날 처리하기로 했다.

밤 12시가 되어서야 새로 배정해준 호텔을 찾아갔다. 아뿔사! 주차장이 없어서 인근의 유료 주차장을 이용해야 한단다. 주차비가 무려 45달러. 그나마 다행인 것은 호텔이 시내에 있어서 늦은 밤이지만, 재즈바와 프렌치 쿼터(French Quarter)를 돌아볼 수 있다는 거였다. 불금 같은 심야의 뉴올리언스 다운타운을 구경할 수 있었다.

프렌치 쿼터의 밤거리는 불금의 홍대 앞은 따라갈 수도 없을 만큼 흥청거렸다. 거구의 흑인들이 차 없는 거리에서 막춤을 추는데, 삼삼하게 잘 췄다. 그런데 재즈의 고향이라는 뉴올리언스는 나의 기대와는 조금 달랐다. 대부분 음악과 춤을 즐기는 사람들이었지만, 술과 마약에 비틀거리는 사람들이 제법 많아서 긴장되고 조심스러웠다. 그래도 경찰들이 곳곳에 지키고 있어서 주눅들지 않고 돌아볼 수 있어서 좋았다.

— 뉴올리언스 밤거리와 다음날 아침에 만난 전혀 다른 분위기의 거리

    쿠바의 하바나에서도 비슷한 경험을 했던 기억이 떠올랐다. 순수와 열정은 사라지고 상업화되어버린 하바나의 음악에 실망했었다. 그러나 다행스럽게도 쿠바 동쪽 끝에 있는 작은 도시, 바라코아에서 제대로 된 재즈를 맛봐서 만회가 되었다. 언제 한번 재즈에 맘껏 취해보고 싶다. 오늘의 이 거리, 뉴올리언스를 생각하며….

— 보름 동안 타고 다녔던 토요타와 작별하고 미쓰비시 SUV로 갈아탔다. 루이지애나주 차는 전면에 번호판이 없다.

　숙소로 돌아오는 길에 배가 고파서 식당을 찾아보았으나 모두 문을 닫았다. 술집만 성황이었다. 편의점에서 빵쪼가리로 저녁을 대신할 수밖에 없었다.
　다음날 아침 일찍 뉴올리언스에 있는 미쓰비시 정비소를 찾아갔다. 렌터카 회사의 승인이 있어야만 입고 체크와 정비가 가능하단다. 차를 렌트한 샌프란시스코의 알라모 렌터카로 전화를 하니 의외로 간단명료하게 정리해주었다.
　"뉴올리언스 공항에 있는 알라모 렌터카 대리점으로 가면 다른 차로 대체해주겠다."
　시원시원한 답변과 깔끔한 일 처리가 마음에 들었다. <u>역시 렌터카는 크고 유명한 회사를 선택해야 한다.</u> 공항으로 달려갔더니 동급의 SUV 차를 맘대로 고르라고 했다. 10여 대의 차 중에서 가장 신차(1,400마일 운행)로 골랐다. 더 새 차로 갈아탄 거다. 이 또한 전화위복이라는 생각이 들었다.

조급증을 버리자

로드 트립을 시작한 지 두 달째 되어가는데 제대로 쉬어본 적이 별로 없다. 여유 있게, 천천히, 쉬엄쉬엄, 끌리는 대로 등등 그럴듯한 말을 앞세웠지만, 실제로는 마치 장거리 자동차 랠리에 참가한 선수처럼 달렸다. 멍청한 짓인 줄 알면서도 한 곳이라도 더 보겠다는 욕심에 자제를 못한 것이다. 아니면 치매 오기 전에 다 보고 싶다는 조급증이 발동한 것 같기도 하다.

게다가 이상하게 루이지애나주에 들어서면서부터 여러 가지로 꼬이기 시작했었다. 다행히 짬밥의 힘과 여행복 덕분에 문제를 잘 풀어내기는 했지만, 신경을 많이 썼더니 에너지가 방전된 듯했다.

경험상 이럴 때 조심해야 한다. 주의력과 집중력이 급격히 떨어진다. 어제 일인지 그제 일인지, 여긴가 거긴가 하고 헷갈린다. 기억이 잘 안 나기도 하고, 물건도 잘 잃어버린다. 지금까지 모자 두 개, 혈당 체크기, 보조 배터리를 잃어버렸다. 어디서 어떻게 잃어버렸는지조차 기억이 안 난다. 나한테 없으니 잃어버린 건 맞다. 그나마 지갑이나 여권, 국제운전면허증 같은 건 잃어버리지 않았다. 몸도 그럭저럭 버텨주니 다행이었다.

루이지애나주와는 인연이 안 맞아서인지 꽤 피곤한 일들이 계속 벌어졌기에 빨리 분위기를 바꾸고 싶었다. 그래도 루이 암스트롱 동상은 꼭 봐야 하기에, 얼른 가서 보고 뉴올리언스를 떠났다. 지뢰밭이 이제는 끝이기를 마음속으로 빌었다. 그래도 뉴올리언스는 꼭 가보고 싶었던 곳이었기에 사랑스럽다.

100달러를 허공에 날리다

디파짓 영수증, 꼭 받자!

원래 계획은 뉴올리언스에서 플로리다주의 잭슨빌(Jacksonville)까지 갈 예정이었다. 880km 먼 길이다. 그런데 렌터카를 교체하느라 시간을 많이 허비하는 바람에 잭슨빌까지는 무리인 것 같았다. 중간에 현재 위치에서 가장 가까운 모스 포인트 패스커굴라(Moss Point Pascagoula)라는 작은 도시에서 하루 쉬어 가기로 했다.

처음으로 오후 5시가 되기도 전에 숙소에 도착했다. 인터넷으로 당일 예약했다. 카드로 결제하고 체크인하는데, 디파짓(deposit, 보증금)을 요구했다. 호텔비가 70달러인데, 디파짓이 100달러다. 카드로 내면 환불 기간이 너무 오래 걸려 현금으로 결제했다.

미국의 자동차 여행자 호텔들은 디파짓을 받고 나중에 환불해 준다. 금액은 20달러, 50달러, 100달러 등 제각각이다. 현금을 받는 곳은 체크아웃할 때 돌려준다. 카드로 냈을 경우에는 환불 기간

— 문제의 호텔

이 빠르면 하루고 늦으면 보름씩 걸리기도 한다. 대부분 호텔이 현금은 안 받고 카드로 결제하라고 한다. 현금으로 낼 경우에는 꼭 영수증을 받아두어야 한다.

프런트 데스크에 물어보니 현금으로 내도 된다기에 이쌤이 20달러짜리 지폐 5장을 줬다. 방 열쇠와 와이파이 비번을 받고 조식 시간을 확인하고, 방으로 들어가 짐을 풀고 잘 쉬었다.

때론 빠른 포기가 상책이다

다음 날 잭슨빌에 도착한 이쌤이 지출 금액을 정리하다가 비명을 질렀다. 오메~ 보증금 환불 안 받고 그냥 왔네! 현금으로 냈으니 퇴실하면서 바로 환불받고 와야 하는디….

께름칙했다. 다시 되돌아갈 수도 없지만 가봐야 소용없는 것이 디파짓 영수증을 안 받았다는 사실이다. 항상 영수증을 확인하고 받았는데 이날 따라 둘 다 영수증을 챙기는 걸 까먹었다.

예약 사이트에 연락했다. 자기네는 숙박비 결제만 할 뿐 디파짓 문제는 숙소와 직접 처리하는 거란다. 맞는 말이다.

숙소에 이메일을 보냈다. 얼마 지나지 않아, 차로 이동하는데 전화가 왔다. 미국에서 이렇게 빨리 액션을 취하는 건 극히 드문 일이다. 그것도 이메일 답신이 아니라 즉시 전화로 온다는 게 이상했다. CCTV와 현금 보관 박스를 확인했는데, 디파짓을 받은 사실이 없다고 한다. 원한다면 증거를 보여줄 수 있다고 큰소리를 쳤다.

디파짓 받는 호텔이고 현금으로 20달러짜리 지폐 5장을 낸 것까지 기억한다. 만약 현금으로 안 받았으면 카드로 받았을 것 아닌가? 우린 분명 현금을 냈다. 카드를 사용하면 체크카드라서 바로 내역이 카톡으로 날아온다. 통지를 받은 것도 없다. 그럼 우리만 특별히 디파짓을 면제해줬다고?

소가 웃을 일이다. 한참 얘기해도 똑같은 답변이다. 변호사 선임해서 징벌적 손해배상을 확! 청구해버릴까? 정신적 손해배상까지 왕창 받아내버릴까? 그러다가 생각을 바꿨다. 이럴 땐 빠른 포기가 상책이다. <u>영수증을 안 받은 게 실수다. 상대는 양아치다. 빨리 포기하는 게 정신 건강에 이롭다.</u> 포기도 지혜다. 헛웃음 크게 웃으며, 모든 게 내 탓이로소이다! 100달러를 허공에 날려 보냈다.

비치 구경은커녕 주차장 찾아 삼만 리

　마이애미 비치(Miami Beach)에 도착했다. 드디어 카리브해의 코발트빛 바다와 만났다. 내륙의 국립공원과 계곡과 사막과 도시와는 전혀 다른 가볍고 상쾌한 느낌이었다.

　매번 저렴한 근교의 자동차 여행자용 모텔에서만 숙박했었다. 오늘은 비치에서 가까운 리조트에 숙박하기로 했다. 한 번쯤 호사를 누려보는 것도 나쁘지 않을 듯했다.

　숙소에 도착해보니 사우스 마이애미 비치까지 걸어서 갈 만한 위치인데, 주차장이 없었다. 주차장이 없는 리조트도 있는 건가? 온라인에는 분명 리조트라고 되어 있는데 가서 보니, 패밀리 모텔이었다. 가까운 주차장은 다음날 체크아웃까지 100달러를 내야 한다. 요금이 저렴한 공영 주차장을 찾기 위해 헤매고 다녔다. 근처에 있는 공영 주차장은 밤샘 주차를 하려면 최소한 75달러나 50달러를 내야 한다.

— 야자수가 가득한 마이애미 비치. QR코드로 결제하는 무인 주차장

    1.5km 떨어진 바닷가 근처에 있는 공영 주차장을 발견했다. 아침 9시 이전에 출차하면 요금이 12.5달러다. 해양경찰서가 바로 앞에 있었다. 경찰서를 기웃거려 보니 당직자 두 명이 수다 삼매경에 빠져 있다. 숙소까지 왔다 갔다 걷는 거리가 좀 멀기는 하지만 가격이나 안전, 두 가지 모두 괜찮으니 여기다 주차하기로 했다.

    요금소가 안 보여서 주차비를 어떻게 내야 하나 이리저리 살펴보니 기둥에 안내문이 보였다. QR코드를 스캔해서 온라인으로 결제해야 하는 무인 주차장이란다. 한 손에 신용카드를 들고 또 한 손에는 핸드폰을 들고 끈기 있게 주물럭거리다 겨우 결제를 했다.

    차를 타고 숙소로 돌아와 짐을 방으로 옮겨놓고 다시 바닷가 주차장으로 가서 차를 모셔두었다. 올 때는 터덜터덜 걸어서 왔다. 자동차 여행자가 시내에다 숙소를 잡는 건 비싼 돈 내고 고생을 자초하는 어리석은 짓이라는 걸 새삼 실감했다. 자동차 여행을 할 때는 근교의 맞춤형 모텔을 선택하는 것이 현명한 방법이다.

시내에 있는 명소나 맛집 등을 갈 때는 공영 주차장 위치를 미리 확인해서 필요한 시간만큼 세워두고 걸어다니는 것도 방법 중 하나다. 대충 세웠다가는 벌금 폭탄을 맞을 수가 있으니 주의해야 한다. 버스나 지하철 등 대중교통을 이용해도 되지만 동행자가 있을 경우에는 우버를 이용하는 것이 가성비가 좋다.

숙소에 와서 저녁을 해서 먹는데 눈이 스르르 감겼다. 숟가락을 놓자마자 잠이 들었다. 마이애미 비치에 도착한 첫날은 주차장 찾아 삼만 리 하느라 영화에서 보았던 멋지고 화끈한 비치는 구경도 못했다.

이튿날에 카리브해의 미지근한 바닷물에 발가락을 적셔보았다. 기온 32도, 습도 75도의 날씨에 땀을 비 오듯 쏟았지만, 며칠 동안 꼬이고 꼬여 지뢰 작업하듯 보낸 날들에 비하면 그래도 행복한 날 아닌가?

마이애미 비치 단상

마이애미를 무대로 한 영화가 엄청 많다. 〈007 골드핑거〉, 〈007 카지노 로얄〉, 〈나 홀로 집에 2〉, 〈두 여인〉, 〈뜨거운 것이 좋아〉, 〈마이애미에서의 하룻밤〉, 〈함정〉 등등 100편이 넘는다.

영화 광팬인 나는 언젠가는 마이애미에 가서 영화 속 주인공처럼 걸어보고 싶었다. 그래서 땡볕 속에 땀을 질질 흘리면서도 폼을 잔뜩 잡고, 영화 속 장면을 떠올리며 마음으로 영화 한 편을 찍었다. 폼이야 있건 없건 간에 이런 날이 왔다는 것만으로 행복이 넘쳤다.

카리브해에는 고급 휴양지로 유명한 곳이 세 곳이 있다. 미국의 마이애미, 멕시코 칸쿤, 쿠바 바라데로.

셋 중에서 마이애미는 접근성이 좋고 친숙하지만 가장 비싸고 럭셔리하다. 멕시코 칸쿤은 합리적인 가격이 매력적이다. 무제한 먹고 마실 수 있는 올인크루시브 호텔이 인기다. 미국과 가까워 미국인들이 많이 온다. 나는 칸쿤에서도 퍼블릭 비치에서 띵까띵까 즐겼다.

쿠바 바라데로는 가장 때가 묻지 않은 풍광이 일품이다. 접근성은 불편하지만, 올인크루시브 호텔이 저렴해서 가성비 최고다. 올인크루시브 호텔에서 2박을 하며 무제한 폭식으로 체중을 늘리는 큰일을 해냈다. 하하하!

'인싸'는 사람들과 잘 어울려 노는 사람, '아싸'는 잘 어울려 놀지 못하는 사람이다. 나는 마이애미 비치에서 '인싸'처럼 보냈다. 한국에 있으면 남이 나를 어떻게 볼지 신경 쓰지만, 노마드 여행은 남의 눈치를 전혀 볼 필요가 없다. 그냥 내가 하고 싶은 대로 즐기면 그만이다.

남녀노소 모두 벗고 활보하는 이곳. 나보다 더 비만에다 똥배도

— 모두가 자유인이 되는 마이애미 비치

나왔지만, 부끄러워하지 않고 즐기는 그들이야말로 자유인이다. 나는 진한 선글라스로 주책없이 구르는 눈동자를 감추고 해변의 자유인들을 감상해주었다.

    여행은 '자유인'이 되는 것이다. 여행은 누구나 '인싸'가 되는 것이다.

아름다운 물 위의 길을 달리다

미국의 땅끝 섬

플로리다주의 마이애미에서 270km 남쪽에 있는 섬! 키웨스트(Key West)로 가는 길은 지금까지 내가 본 세상의 길 중에서 가장 아름다웠다. 환상적인 드라이브 코스였다. 미국에 와서 본 곳 중에서 가장 사랑스럽다.

카리브해의 작은 섬 40개를 연결한 오버시즈 하이웨이(Overseas Highway)다. 물 위의 길은 205km나 이어진다. 도로 주변의 카리브해는 수면이 낮고, 물색은 황홀하며, 맹그로브 숲은 아늑함까지 더한다.

문득 서울 근교의 무너미길이 떠올랐다. 물과 자동차 도로가 거의 평행으로 달리는 것 같은 느낌이 드는 멋진 길이다. 미국 무너미길은 예쁜 데다가 마음까지 여유롭게 해서 마치 바다 위를 달리는 착각에 빠져들게 한다.

— 물 위를 달리는 도로

— 헤밍웨이 하우스

키웨스트에서 헤밍웨이를 만나다

키웨스트는 내가 최애하는 헤밍웨이가 살았던 곳이다. 갈 길이 바쁜 노마드지만 어떻게 그냥 지나칠 수가 있겠는가. 물 위의 길을 드라이빙해 보고 싶은 마음도 있었지만, 헤밍웨이가 살던 집에서 그의 흔적을 찾고, 분위기를 느껴보고 싶었다. 그래서 샌프란시스코에서부터 5,100km를 달려왔다.

머나먼 길이었지만, 수고와 고생이 눈 녹듯 사라졌다. 그럴 만한 가치가 있으니까. 미국의 땅끝 섬에서 카르페 디엠(Carpe diem. 오늘 행복하세요)을 이루었다.

꼭 가보고 싶었던 헤밍웨이 하우스. 1930년대 그가 살면서 《킬리만자로의 눈》, 《누구를 위하여 종은 울리나》를 집필한 곳이다. 내가 좋아하는 작가의 흔적을 찾으니 감동이었다.

영광과 우울이 뒤엉킨 그의 삶을 좋아하는 것은 아니다. 그의 간결하고 명료한 문체, 기자 출신답게 군더더기 없이 핵심만 서술하는 글의 흐름을 좋아한다. 내가 쿠바의 하바나에 두 번씩이나 갔던 것도 그의 삶을 느끼고 싶어서였다.

키웨스트와 쿠바는 90마일 거리로 아주 가깝다. 예전에는 비행기가 다녔는데 카스트로의 공산 혁명 이후에 끊겼다. 헤밍웨이는 카리브 성애자였던 것 같다. 카리브에서 안식을 얻고 명작을 출산했다.

그는 생전에 부와 명예를 누리며 주목받는 작가였지만 내면은 고독했다. 결국 말년에 우울증에 걸려 총으로 자신을 쏘아 스스로 생을 마감했다. 인간의 외면과 내면은 얼마든지 다를 수 있다는 걸 보여준다. 나는 헤밍웨이의 자유 영혼과 거침없이 뛰어드는 도전심과 용기만 닮고 싶다.

컨트리송의 성지에서 하드락까지 즐기다

    컨트리송의 본산지인 내슈빌에서 2박 3일 동안 뮤직바를 순례하고 다녔다. 내슈빌은 컨트리송의 본고장으로 유명하지만, 실제로 가보니 클럽에서는 로큰롤(Rock & Roll)과 하드락을 더 많이 연주하고 있었다.

    재즈의 본고향인 뉴올리언스는 흑인들이 많았다. 차가 다니지 않는 워킹 스트리트에는 열기가 가득했고, 프렌치 쿼터에는 취한 사람들이 많았다. 길거리에는 핫한 춤으로 열정을 발산하는 흑인들이 자유롭게 흔들어 대고 있었다. 서민적인 분위기의 흥겨움이 넘쳤다. 반면 내슈빌의 분위기는 완전히 달랐다. 뮤직바와 거리에는 백인들이 대다수였다. 홍키 통크 스트리트(Honky Tonk Street)는 넓고 깨끗했다. 카우보이 모자와 가죽 부츠를 착용한 백인들에게서는 돈 냄새가 풍기고 여유가 넘쳤다.

    나는 음악에 대한 전문 지식도 없고 음치지만, 재즈와 컨트리송

━ 내슈빌 거리

과 하드락을 좋아한다. 그래서 재즈의 고향인 뉴올리언스와 컨트리송의 성지인 내슈빌을 모두 가보고 싶었다.

두 도시는 850km 거리다. 먼 거리만큼 음악도 사람들의 분위기도 달랐다. 하지만 두 곳 모두 음악을 사랑하는 사람들이 모여드는 곳이라, 나는 두 곳 다 만족했다. 칠십이 넘은 나이에도 아직도 호기심이 살아 있음에 감사했다.

음악 도시들을 다니면서, 우리나라에도 외국인들이 찾아보고

― 뮤직바

싶어 하는 K-Pop 전문 공연 도시와 거리가 있으면 좋겠다는 생각을 했다. 때로는 국악도 연주하고.

 며칠 동안 지뢰밭을 지나온 느낌이었는데, 음악 도시들을 순회하고 나니 지뢰밭 지나 꽃길이다. 꽃길을 걸은 느낌을 그대로 가지고 오랜만에 한국 식당을 찾아 고국의 음식까지 포식하며 즐겼다.

또 다른 도전을 시작하다

캐나다는 보너스

여행이 종반부로 접어들었다. 이제 내가 미국에 가면 한번 해보고 싶어했던 것들을 거의 다 해본 것 같다. 가보고 싶은 곳도 거의 가본 것 같다. 이제 열흘 정도밖에 여유가 없다.

캐나다 로드 트립을 포기하고 미국을 좀 더 여유롭게 다녀볼까 하는 생각도 해봤지만 지금 못하면 다음 기회가 없을 것 같아서 강행하기로 했다. 캐나다 토론토에서 밴쿠버까지는 4,362km다. 그래 일단 가보는 거야! 이건 보너스인 거야! 이번엔 진짜 랠리 선수가 되어보는 거야!

오늘은 내슈빌에서 디트로이트까지 900km를 달려왔다. 내일은 국경을 넘어 토론토까지 370km 달릴 예정이다. 한국에서는 대전이나 강릉 정도만 가도 지루함을 느꼈지만, 미국이나 캐나다는 땅도 워낙 넓지만, 색다른 풍경의 자연과 도시 모습들이 지루할 틈

― 캐나다 가는 길

을 주지 않는다.

　미국 자동차 일주 로드 트립을 하면서 지금까지 3만km를 주행했다. 여행이 끝날 때쯤엔 지구 한 바퀴 거리인 4만km 정도를 기록할 것 같다. 힘들지만 나름 재미도 있고 보람도 느낀다. 캐나다 로드 트립 역시 기대가 된다.

캐나다 로드 트립 시작

디트로이트에서 캐나다로 국경을 넘는 입국 심사 받는 데 40분 정도 소요되었다. 질문도 많이 하고, 작은 손전등으로 여권을 여섯 군데나 비추어가며 위조 여부를 확인했다. 무척 꼼꼼하고 까다롭게 체크했다. 그동안 110여 개국 이상의 많은 국경을 넘나들었지만 이런 경우는 처음이었다.

지난번 나이아가라 폭포 미국 쪽에서 캐나다 국경을 통과할 때는 절차가 간단했는데 여긴 완전 달랐다. 아마도 디트로이트에서 캐나다로 입국하는 외국인이 흔치 않아서 자세히 보는 것 같기도 했다. 만약 미국에 이어서 캐나다 로드 트립을 한다면 입국 심사가 까다로운 디트로이트는 피하는 게 좋을 것 같다. 입국 심사가 간편한 나이아가라에서 국경을 넘을 것을 추천한다.

국경을 통과하여 캐나다의 첫 도시인 토론토로 가는 중에 폭우가 쏟아지기 시작했다. 하루 종일 그쳤다 내렸다를 반복했다. 비와

— 미국 캐나다 국경 다리

— 고즈넉한 시골 풍경

함께 가는 길도 나름 운치 있지만, 로드 트립에 주력할 예정이라 도로 사정에 신경이 많이 쓰였다.

    캐나다의 첫인상은 주변의 풍경이 초록초록하여 엽서 그림 같았다. 비가 그친 짬짬이 차에서 내려 휴식을 겸해서 걸으며 캐나다를 느껴보았다. 건물들이 획일적이지 않고, 독특함과 모던함의 특별한 개성들이 묘하게 조화를 이뤘다. 인종이 다양함에도 여유가 느껴졌지만 시내의 교통체증과 주차난은 역시나 심각했다.

    캐나다에 잘 도착해서 또 다른 도전을 시작하게 된 것을 감사하며, 각오를 새롭게 다졌다.

    끝까지 안전하게~ 즐겁게~ 건강하게~ 파이팅!

아, 또 바람처럼 달려야 하나!

 # 걱정 반 설렘 반

토론토의 랜드마크인 전망탑에 올라가 시내를 조망하고 바로 부둣가로 가서 유람선을 타고 바다에서 시내를 구경했다. 육지로 돌아와서 도심을 걸어보니 별 특색도 없고 볼거리도 없다. 전날부터 내린 비는 그칠 줄을 몰랐다. 기상예보를 보니 내일까지 비가 온단다. 토론토 구석구석 보고 싶었는데 갈수록 비가 더 강하게 내렸다.

마치 로드 트립에 집중하라고 등을 떠미는 것 같았다. 날씨가 개기를 기다리고 있을 수만은 없었다. 마음에 여유가 없어서 비를 핑계 삼아 빨리 떠나기로 했다. 캐나다를 여행할 수 있는 시간이 10일 정도밖에 안 되기에, 망설이지 않고 비를 뚫고 달려보기로 했다.

캐나다에서는 꼭 하고 싶은 것이 두 가지가 있었다. 캐나다 하이웨이를 타고 토론토에서 밴쿠버까지 4,362km를 달려보고, 일

— 토론토는 건축 기행하기 좋다. 모든 건물들이 개성있고 독특하다. 획일적이지 않다. 하나하나가 톡톡 튀는데도 묘하게 조화를 이룬다. CN타워

일 최고 주행거리 기록을 세워보기로 했다. 그러려면 심야에도 달리고 차박을 해야 하니 정신력과 체력을 테스트해 볼 기회가 될 것 같다. 걱정과 설렘이 반반이다.

참고로 서울에서
몽골 울란바토르까지는 1,991km
필리핀 마닐라까지 2,622km
태국의 방콕까지 3,724km
싱가포르까지 4,678km

― 창작 플랜트 건물. 인도인 유람선 선장과 인증샷. 크루즈 한 시간 타는 데 37,000원이다.

이틀 동안 2,400km라니 미쳤다

내가 지공선사의 나이(지하철을 공짜로 타는 나이)가 되었을 때 공짜 지하철을 타는 대신 러시아와 유럽을 횡단했고, 남미를 종단했다. 내친김에 호주와 뉴질랜드 그리고 아시아까지 729일간 세계를 유랑했다.

나의 첫 번째 무데뽀 지구 한 바퀴 여행이었다. 첫 도전이라 수많은 헛발질과 호구짓을 하며 힘들고 느리게 다녔다. 7학년이 되었을 때는 아프리카를 종단했다. 이때는 그나마 내공이 쌓여서 놀멍 쉬멍 여유 있게 다녔다.

올해는 미국을 종단하고 횡단하며 빠르게 다녔는데, 두 번의 지구 한 바퀴 때보다 물가가 비싸졌고 가고 싶은 곳이 많았기에, 원래 여행 스타일과는 정반대로 서둘러서 빠르게 다닌 것 같다.

캐나다도 쏜살같이 달리고 있다. 둘이서 교대로 운전하며 첫날 1,500km, 둘째 날 900km 해서 이틀간 2,400km를 달려버렸다. 그러니까 총 4,362km의 절반 이상을 달려버린 것이다. 미친 기록이다. 어이 상실할 정도지만 중간에 특별히 볼거리나 도시가 없어서 어쩔 수 없는 일이기도 했다.

달려 보니 캐나다는 호수의 왕국이다. 계속 호수를 보며 달렸다. 하늘에도 달, 호수에도 달, 고고한 달빛이 호수를 타고 흐른다. 호숫가의 달빛 아래에서 먹는 컵밥과 스파게티 야식은 맛과 분위기 모두 예술이지 아니하던가?

지금 이 나이에 미친 짓? 하며 놀고 있다는 게 신이 났다.

7학년이면 한창 잘 놀 나이가 아니던가?

지금 안 하면 언제 해보겠는가? 스스로를 칭찬해주었다.

오늘 달빛을 보면서 달렸던 호수를 생각하며, 차 안에서 스르르 잠에 빠져들었다.

꾀죄죄하지만 가슴엔 낭만이

캐나다는 러시아에 이어 세계에서 두 번째로 큰 나라다. 한반도보다 50배 정도 크지만, 인구는 4천만 명 정도밖에 안 된다. 동부의 토론토와 퀘벡, 서부의 밴쿠버와 캘거리 등 5대 도시에 몰려 산다.

토론토에서 캘거리로 오는 동안 계속 비를 맞으며 광활한 벌판

— 지평선까지 펼쳐진 밀밭

을 달렸다. 트랜스 캐나다 하이웨이에서 잠깐 쾌청한 날씨였는데, 비가 그친 시골 풍경은 고즈넉하고 여유로웠다. 지평선까지 펼쳐진 밀밭, 하늘을 향해 곧게 뻗은 눈부시게 푸른 침엽수, 끊임없이 나타나는 크고 작은 호수들, 예쁜 농장과 주택, 초록초록한 언덕, 맑고 투명한 하늘, 굽이쳐 흐르는 강물은 한 폭의 수채화를 보는 듯했다.

눈꺼풀은 피곤에 절어 무거워도 가슴엔 낭만이 남아 있었다. 오랜 노마드 여정으로 몰골은 꾀죄죄하지만 가슴속에는 재즈가 흐른다.

그래 제대로 미쳐보자

토론토에서 3,560km(직선거리 2,732km)를 달려서 캘거리에 도착했는데 또 비가 내렸다. 아! 4일 동안 3,000km를 넘게 달려왔는데 또 바람처럼 달려야 하나? 이건 아닌 것 같은데, 속도감이 무뎌지고 질주는 멈출 줄을 모른다. 그래 이왕 미친 김에 제대로 미쳐보자. 내 평생에 처음이자 마지막이 될지도 모르는데 그냥 횡단 랠리를 즐겨보는 거다!

떠날 때 떠나더라도 우선 캘거리를 돌아보기로 했다. 1988년 동계올림픽이 개최되었던 캘거리는 로키산맥으로 가는 출발 도시이기도 하다. 캘거리 타워 전망대에 올라가서 캘거리 시내를 한눈에 조망했다. 전망대에서 내려와 비가 오락가락하는 7번가를 걸으며 캘거리를 온몸으로 느꼈다.

그런데 갑자기 폭우가 쏟아졌다. 잠시 쉬면서 커피 한 잔의 여유를 즐기라는 듯했다. 카페에서 아르바이트하는 한국 여학생 두 명을 만났다. 손님이 별로 없어서 바쁘지 않았기에 제법 긴 대화를 나눌 수 있었다. 캘거리에 정이 들어서 너무 좋다고 한다. 열심히 공부하고 일하는 젊은이들의 모습이 장하고 멋지다. 인연만큼만 보고 머무는 노마드다.

— 캘거리 타워 전망대와 캘거리 거리 모습
— 디자인이 독특한 캘거리 시청 건물

안개 속에 자태를 감춘 로키산맥

　　로키산맥을 보러 밴프로 출발했다. 캘거리에서부터 높은 산들이 계속 펼쳐졌다. 가는 내내 비가 오면서 안개가 짙게 끼었고, 도로는 미끄러워서 운전하기에 최악이었다. 첩첩산중이라 구간구간 인터넷이 끊어져서 내비게이션이 잘 안 됐다. 안개 속을 달리다가 밴프 입구를 못 보고 지나쳤다. 떡 본 김에 제사 지낸다고, 마침 호수가 보이기에 호수 구경을 하고 되돌아 나와 밴프로 달렸다.

　　밴프에 도착하고 보니, 평일인데도 다운타운의 2차선 길은 차와 사람들로 북새통을 이루고 있었다. 혼잡을 피해서 올라가다 보니 곤돌라 탑승장이었다. 곤돌라를 타고서 주변을 조망하는 것도 좋을 것 같아 올려다보니 산 위쪽은 안개가 잔뜩 끼어 있었다. 시계 제로 상태라서 올라가봐야 안개 속을 헤매다 내려올 것 같아 곤돌라를 포기하기로 했다.

　　탑승권 가격이 1인당 85,000원이다. 차라리 그 돈으로 맛있는

점심을 먹기로 했다. 그런데 갑자기 저혈당이 현상이 나타났다. 점심이 늦어진 탓에 허기가 지고 당이 급격하게 떨어져서 탈진 증세가 생긴 것이다. 곤돌라 탑승장 주변엔 분위기 있게 점심을 먹을 만한 식당이 보이지 않았다. 다급한 마음으로 둘러보니 스타벅스가 눈에 띄었다. 찬밥 더운밥 가릴 때가 아니었다. 일단 빵과 커피로 허겁지겁 허기를 채워 당을 보충했다.

기운을 차린 뒤 운무가 감싸고 있는 산의 경치를 보니 그제야 가슴이 활짝 열리며 그 산이 내게로 들어왔다. 비록 정상에서 전망을 즐기지는 못했지만, 운무에 싸인 산자락의 경치도 특별했다.

천천히 차를 몰고 내려오는데, 캐나다군의 한국전 참전비가 보였다. 가평전투의 대승과 영웅들을 기리는 기념비였다. 묵념을 하고, 진심을 담아 존경과 감사를 표했다. 로키산맥은 안개로 자태를 감추었지만, 한국전 참전비 위로 한 줄기 햇살이 비춰 내 눈에 확 띄었다. 아하! 깊은 뜻이 있었구나. 곤돌라에 대한 아쉬움이 사라지고 만족을 얻었다. 행운이라고 생각했다.

— 로키산맥 아래 마을. 한국전 참전비

도장깨기 기록 하나 추가!

드디어 밴쿠버 도착

8월 18일 토론토 출발, 8월 22일 밴쿠버 도착.
4박 5일 동안 '트랜스 캐나다 하이웨이'를 달렸다. 4,362km.
로망 중에 하나였다.
도장깨기 기록 하나 추가다.
 캐나다 대륙 자동차 횡단을 무사히 마쳤다. 자동차 랠리에 참가한 선수처럼 숨가쁘게 달렸지만 작은 사고도 없었고, 아픈 데 없이 건강해서 기쁘고, 감사할 뿐이다. 미친 로드 트립을 끝내고 정상으로 돌아온 뜻깊은 날이었다.
 자축하는 의미에서 고기 구워 먹고, 꼼짝 않고 시체놀이 삼매경에 빠졌다. 캐나다 횡단을 무사히 마치고 나니 긴장감이 확 풀리며 며칠간 푸욱 쉬고 싶었다.

— 벤쿠버의 스카이 브릿지. 1990년 현대건설이 세운 사장교이다.

밴쿠버 맹세

밴쿠버는 1차 세계 일주 여행 때 왔었는데, 그땐 호기심이 넘치고, 가슴이 콩닥콩닥 뛰었다. 초롱초롱 반짝이는 눈으로 밴쿠버를 구석구석 뒤지고 다녔다.

6년 만에 다시 와보니 도시는 별로 변한 게 없었다. 다만 내가 많이 변했다. 반짝이는 눈이 아니라 총기가 사라진 눈으로, 뭘 봐도 덤덤했다. 마음의 여유는 생겼지만 감동은 줄어들었다.

개스타운(Gastown)의 증기를 내뿜는 시계탑과 그 주변엔 관광객들로 넘쳐났다. 스탠리 공원과 잉글리시 베이 비치도 고즈넉한 풍경으로 반겼다. 그때의 그 바다 그대로다.

도시의 모습은 그대로인데, 밴쿠버의 물가가 잔뜩 올라버려서 가성비 있는 숙소 찾느라 인터넷을 뒤지며 머리를 쥐어짰다. 다행히 찾아낸 에어비앤비 숙소는 그나마 저렴해서 안도의 한숨을 내쉬었다. 조용한 주택가에 있는, 중국 사람이 주인인 주택이었다. 마당에는 잔디와 꽃과 나무가 예쁘게 가꾸어져 있고, 야외 테이블도 놓여 있어서 휴식하기에 적당했다. 가격은 약 17만 원, 가난한 여행자에게는 후덜덜이지만 밴쿠버에서는 이 정도의 가격으로 조용하고 깨끗한 숙소를 찾기가 어렵기에 만족했다.

베이 비치를 산책하며 지나온 시간을 돌아보고 앞으로 펼쳐질 여정을 머릿속으로 그려보았다.

밴쿠버 맹세! '앞으로의 상황이 아무리 어렵고 힘들더라도 긍정과 감사의 마인드로 걷다가 행복하게 웃으며 죽자.'

— 밴쿠버 시내 풍경
— 알래스카로 가는 로열 캐리비안 크루즈 선착장. 에어비앤비 숙소

시애틀의 잠 못 이루는 밤

불안과 공포의 시간

다시 미국으로 돌아간다. 캐나다 밴쿠버에서 미국의 시애틀은 차로 2시간 반 정도 소요된다. 국경을 넘을 때 입국심사를 받는데, 미국으로 입국할 때는 매번 긴장하게 된다. 뭔가 꼬투리가 잡혀서 왼쪽 차선으로 가라는 지시를 받으면 참으로 고달파진다. 거기엔 'Second Inspection'이 있다. 취조실로 들어가면 위압적이고 깐깐한 조사관이 기다린다. 심지어 독방에서 정밀 검사를 받는다. 모든 의심이 해명될 때까지 대기하는 시간은 불안과 공포의 그 자체다.

케이스 바이 케이스란다. 나는 억지 미소를 지으며, 공손한 태도로 답변했다. 질문은 예상대로였고, 다행히 쉽게 넘겼지만, 뒷좌석의 짐도 확인하고 트렁크까지 열어보고 확인한다.

"Thank you, sir!" 차가 오른쪽 길로 들어서자마자 긴장이 풀리며, 실성한 놈처럼 잉글리시가 방언이 터져나왔다. "Have a good day sir, Merry christmas sir, Happy new year sir, God bless you sir~" 시애틀로 가는 하이웨이에 들어서고 나서야 겨우 안정을 되찾았다. 여유가 생기자 생뚱맞은 농담이 나왔다. "아니 요새는 왜? 미국도 캐나다도 여권에 스탬프를 안 찍어주는 거야? 심심할 때 스탬프 보는 재미가 쏠쏠한데…."

멋지다! 시애틀

드디어 시애틀에 도착했다. 그러나 영화 제목 〈시애틀의 잠 못 이루는 밤〉처럼 나도 잠 못 이루는 밤을 보냈다. 불면증이 도졌다.

이튿날 시티투어를 하는데 또 비가 내렸다. 그래도 스타벅스 전 세계 1호점은 포기할 수 없었다. 번잡한 시장통에 있다. 초창기 모습 그대로인 카페 안은 좁았고 대기 줄은 엄청나게 길었다. 이렇게 조그마한 카페가 전 세계로 확장되어 커피의 신화를 만들고 있다니 놀랍다. 꿈을 가진 사람이라면 본보기로 삼을 만하다.

건너편 재래시장은, 원래 부둣가 생선 시장이었다. 지금은 꽃가게, 기념품 가게, 책방, 레스토랑 등 다양한 모습으로 관광객들을 맞이하고 있다. 그 북새통에 버스킹이라니. 그것도 길가에서 피아노까지 연주하며 노래하다니. 멋지다!

도시의 벽에도 그래피티가 가득하다. 시장의 아래쪽 골목길에는 굼월(Gum Wall, 껌벽)이 있다. 씹다 버린 껌을 벽에다 덕지덕지 붙여 놓아서 유명하다는 그 모습이 상상 초월이다. 우리나라 같으면

― 비 오는 날에도 사람들이 줄지어 기다리는 스타벅스 1호점
― 북적이는 재래시장과 멋진 버스킹

더럽다고 난리가 났을 텐데, 엉뚱한 짓도 용인하는 자유스러운 분위기를 부러워해야 하나 말아야 하나 조금 헷갈렸다.

  보잉 항공사를 비롯해 세계적인 기업이 많은 도시라서 풍요로워 보이지만 소득의 격차는 빠르게 커지고 있어서 사회문제로 대두되고 있단다. 빈부격차는 선진국이든 후진국이든 가장 큰 문제다. 에고, 잠시 옆길로 샜다. 부자가 많든 노숙자가 많든 이방인이 무슨 상관이라고. 나나 잘하자. 나라도 똑바로 살자. 가족한테 짐 되지 말고, 남에게 폐 끼치지 말고 살자. 그게 나이 들어 애국하는 길이다. 오늘의 다짐이다.

━ 건물마다 화려한 그래피티가 가득하다.
━ 건물 벽에 씹다 버린 껌이 덕지덕지 붙어 있다. 일명 굼월(Gum Wall, 껌벽)이다.

차 타고 지구 한 바퀴보다 더 달렸다

포틀랜드 트래킹

긴 여정의 종착지인 샌프란시스코로 돌아가면 미국, 캐나다 로드 트립 끝이다. 시애틀에서 샌프란시스코까지는 1,300km. 하루에 가기에는 무리라서 중간 지점인 오레곤주의 포틀랜드에서 하루 쉬어 가기로 했다. 로드 트립을 하다 보니, 차를 오래 타게 돼서 많이 걷지 못했다. 그래서 포틀랜드에서는 시내 투어보다는 주립공원 트레킹을 하기로 했다. 유명 국립공원처럼 북적대지 않고, 호젓하고 운치가 있어서 좋았다.

컬럼비아강이 부드럽게 흐르고, 산이 병풍처럼 감싸고 있어 아늑하다. 폭포가 많아 눈이 시원해졌다. 숲이 우거져 그늘이 많고, 경사가 완만한 흙길이기에 아이들 데리고 하이킹하는 가족들이 많이 보였다. 오랜만에 3시간 정도 걸었다. 장딴지까지 뻐근하지만 숲길을 걸었더니 머리가 맑아지고 몸도 가벼워진 느낌이었다.

— 컬럼비아강을 조망할 수 있는 비스타 하우스
— 포틀랜드 주립공원

다시 출발이다

샌프란시스코로 다시 돌아왔다. 미국, 캐나다 대륙 일주 여행의 막을 내렸다. 두 달 반 동안 44,230km를 달렸다. 지구 한 바퀴가 40,075km다. 차 타고 지구 한 바퀴 거리보다 더 많이 달린 셈이다. 내가 생각해도 미쳤다. 미치지 않으면 이룰 수 없는 거리, 그래서 기쁘다. 하지만 다시 하라면? 못한다!

지구 한 바퀴가 넘는 거리를 달리면서 5대의 차를 바꿔 탔다. 캠핑카인 트레블러스를 시작으로 BMW SUV, 크라이슬러 밴, 토요타 SUV, 미쓰비시 SUV를 이용했다. 몽골의 기마병들이 말을 갈아타 가며 달리듯이 차를 바꿔 타고 달렸다.

남자들은 로망 하나쯤은 품고 산다. 나는 대륙을 바람처럼 달려 보고 싶은 꿈을 품고 살았었다. 인생 2막의 종반이 되어서야 뒤늦게 가슴속에 품고 살았던 로망을 이루었다.

난 겨우 일흔셋이다.
세상에 대한 호기심이 뿜뿜 하는 나이다?
세상 물정을 모르니 겁도 없다?
새로운 걸 만지고 싶고 보고 싶으니 어쩌랴!
누가 말려도 멈추지 않을 테다.

차를 반납했다. 차를 보내니 홀가분하기까지 하다. 차가 없으니 이제 나 홀로 걸어서 지평선 너머로 가려고 한다. 뚜벅이로 자유 배

75일간 로드 트립하면서 탔던 다섯 대의 차 :
트레블러스 캠핑카, BMW SUV, 크라이슬러 밴,
토요타 SUV, 미쓰비시 SUV

낭여행을 하는 건 고난의 길인 것을 두 번의 세계여행을 통해서 익히 알고 있지만, 그래도 떠나려 한다. 머물지 않는 바람처럼….

   새로운 느낌으로 새로운 여행을 시작하려고 한다. 귀국 비행기 표는 손해를 감수하고 취소했다. 늘 충동적이고 즉흥적인 무계획 여행을 하지만 결과는 언제나 만족스러웠기에 이번에도 전혀 망설

이지 않았다.

멕시코행 비행기표를 예약하고, 첫날 숙소도 예약을 끝냈다. 내친김에 멕시코와 중미 7개국을 거쳐 남미까지 가보는 거다. 셋이 출발해서 둘이 되었다가 이제는 혼자가 되어 떠난다.

으라차차! 힘내자!

로드 트립 2부 34일간 경비(2인)

렌트비	3,029,972원
통행료	291,488원
기름값	2,093,695원
주차비	226,392원
우버	54,520원
숙박비	3,960,191원
입장료, 관람료	566,380원
식비, 마트	2,651,497원
담배	920,434원
기타	64,767원
총액	13,859,336원

비우고 버리기

　내일이면 미국을 떠난다. 떠나려면 먼저 비우고 버려야 한다. 가장 요긴하게 사용했던 아이스박스와 가스버너, 부탄가스, 전기밥솥, 돗자리 매트, 침낭, 플라스틱 그릇, 보온병, 도마, 수납 박스, 쌀 등등을 잘 정리해서 호텔 청소하는 분께 드렸다.

　종횡무진 좌충우돌 44,230km다. 행복하게 미쳤던 질풍노도의 시간이 끝났다. 내 인생의 처음이자 마지막 알레그로(Allegro, 빠르게 빠르게) 여행이었다. 앞으로는 라르고(Largo, 느리게)로 지구 끝까지 가보려 한다. 서두를 이유도 필요도 없다. 욕심을 내려놓고, 세상만사를 잊어야 몸이 가벼워진다. 항해를 할 때 지나간 파도는 뒤돌아볼 필요가 없다. 앞으로 닥치는 파도만 똑바로 바라보고 나가야 한다.

　자유로운 영혼으로 희랍인 조르바처럼 춤추며 가기로 했다. 천천히 콧노래 흥얼거리며 안단테 칸타빌레(Andante cantabile, 천천히 노래하듯이) 여행을 시작한다.

에필로그

그중에 최고는 사람이었다

　새벽에 일어나 혼자서 셔틀버스를 타고 멕시코의 칸쿤으로 가는 비행기를 타기 위해 샌프란시스코 공항으로 갔다. 동행인 이쌤은 귀국편 비행기가 오후 시간이라 숙소에 남아 있고 나만 먼저 나왔다. 공항에 도착하고 나서야 핸드폰 충전기를 두고 온 걸 알았다. 꼼꼼히 챙긴다고 했는데도 똑같은 실수를 되풀이한다. 다시 돌아갈 수도 없고 가져다 달라고 부탁할 수도 없다. 인연이 다한 건 빨리 잊는 게 상책이다.

　멕시코로 가는 저비용 항공사인 유나이티드 에어라인 항공료는 260달러. 수화물 40달러. 식사는 없고, 물과 주스를 한 잔씩 준다. 준비해온 샌드위치로 배고픔을 달랬다. 좌석을 지정하려면 추가 요금을 내야 해서 지정해주는 대로 탔는데, 날개 쪽 창문가다. 3열 좌석에 인도인 커플이 같이 앉았는데, 둘 다 거구인 데다가 내내 껴안고 난리 블루스다. 잠을 잘 수가 없었다. 눈을 감고 75일간의 여행을 추억하며 시간을 보냈다.

　미국에서 좋았던 곳은 키웨스트, 산타페, 세도나, 모뉴먼트 밸리, 내슈빌, 산타모니카였다. 캐나다는 밴프가 좋았다. 북미 대륙의 웅장한 대자연과 아름다운 도시도 좋았지만, 더 강렬하게 기억에 남는 건 낯선 땅에서 만난 좋은 사람들이었다.

　낯설고 물선 샌프란시스코에 도착했을 때 바쁜 중에도 시간을 내서 도와주고 챙겨준 수호천사 아이크 신 사장님.

　요세미티에서 차가 고장났을 때, 가던 길을 되돌아와 도와준 빅터 부부. 차 문이 잠겨 안절부절할 때 공구를 가져와 열어준 미국인 캠퍼 안츠.

　자기 차로 하루 종일 산타모니카와 말리부 비치를 구경시켜주고 식사와 밑반찬까지 챙겨준 신샤론 님.

　산타페에서 만나 신 작가님은 미술 기행을 제대로 시켜주었다. 중국 식당을 하며 열심히 사는 교민 부부의 환대도 잊을 수 없다. 코끝이 시큰해지는 경험을 했다.

　워싱턴에서 국빈급으로 환대해준 안미영 회장님과 이수향 국장님 등 워싱턴 삼총사. 별장을 제공해 주고, 직접 명소 투어를 시켜주었다. 맛집 식사는 물론, 식료품까지 챙겨주신 삼총사들은 애국심 넘치는 멋진 분들이었다.

　아프리카 케냐의 마사이마라 사파리에서 만난 미국인 친구 마테오. 메인주의 자기 집으로 초대해서 2박 3일 동안 퍼펙트하게 케어해주었다.

　스케줄이 맞지 않아 만나지는 못했지만 초대를 해준 뉴욕의 차 박사님, 최윤희 회장님, 전화와 메시지로 유익한 정보와 조언을 해주신 텍사스 최 선생님, 밴쿠버와 뉴욕, 시애틀, 로스앤젤레스 등등을 지날 때 꼭 연락하라고 했던 여러분들에게도 감사 인사드린다.
　결국에는 사람이 가장 기억에 남으며, 가장 진한 감동을 주었다. 이름난 명소는 누구나 갈 수 있지만, 좋은 사람은 만나기가 쉽지 않다. 이번 여행에서 천사들을 만나는 행운을 누렸다. 나에게 여행은 사람이었다.